ENTDECK DEINEN MUT!

DU HAST DICH GETRAUT, DAS BUCH ZU ÖFFNEN...

Es ist ein Buch voller Prüfungen und Mutproben, um noch mutiger zu werden und die Angstmonster, die jedes Kind manchmal plagen, zu besiegen!

Schaffst du es, jede Aufgabe zu lösen?

Bevor du anfängst, solltest du dir **NOCH MEHR MUT** mit dem **MUT-ZAUBER** holen! Das machst du jedes Mal, bevor du mit dem Buch startest.

MUT-ZAUBER-ANLEITUNG

1. Du brauchst deinen Lieblingsstift und dein Lieblingskuscheltier.

2. Nun lege deine rechte Hand auf den Kreis und male sie mit dem Stift nach.

JETZT IST ES DEIN BUCH, NIEMAND SONST KANN ES BENUTZEN!

3. Lege die rechte Hand auf deine gezeichnete Hand und nimm dein Kuscheltier in die andere.

4. Sage den Spruch von der rechten Seite auf. **GANZ LAUT,** DASS ES JEDES ANGSTMONSTER HÖREN KANN!

...SPÜRST DU SCHON DEN MUT in DIR?

» Sei auf der Hut, denn ich hab' Mut! «

KRITZEL-WERKZEUG

Bei den **PRÜFUNGEN** und **MUTPROBEN** wirst du aufgefordert auszumalen, zu basteln, zu schneiden, zu kleben und zu kritzeln.

HALTE ALLES DAFÜR BEREIT!

Hier sind ein paar Vorschläge, was du dazu benutzen kannst:

- BUNTSTIFTE
- FILZSTIFTE
- STOFFMALSTIFT
- PINSEL & FARBE
- KREIDE

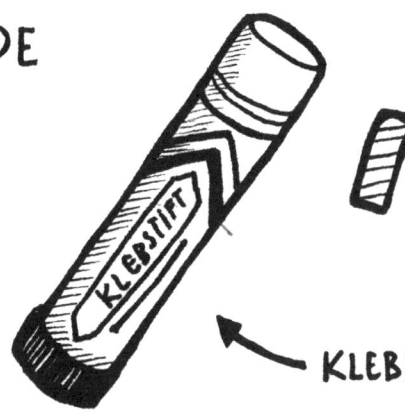

- KLEBEBAND
- PFLASTER
- EINE SCHERE
- WACHSMALKREIDE
- KLEBSTIFT / KLEBER
- SCHNIPSEL

TROPHÄEN-SAMMLUNG

Dieses Buch hat **VIER TEILE**. In jedem Teil gilt es, die Prüfungen zu bestehen und alle Aufgaben zu erfüllen.

Nach den ersten drei Teilen bekommst du eine **TROPHÄE**, die du ausschneiden und hier einkleben darfst.

Nach dem vierten und letzten Teil wartet eine hochoffizielle **MUT-URKUNDE** auf dich!

BÄRENKRALLE   **HAIFISCHZAHN**   **MONSTERHORN**

Allen **MUT** zusammengepackt?

Los geht's...

EIN SCHMAUS FÜR DIE FLEDERMAUS!
Welche Käfer, Würmer und Kriechtiere hat die Fledermaus gegessen?
Male sie in den Bauch der Fledermaus!

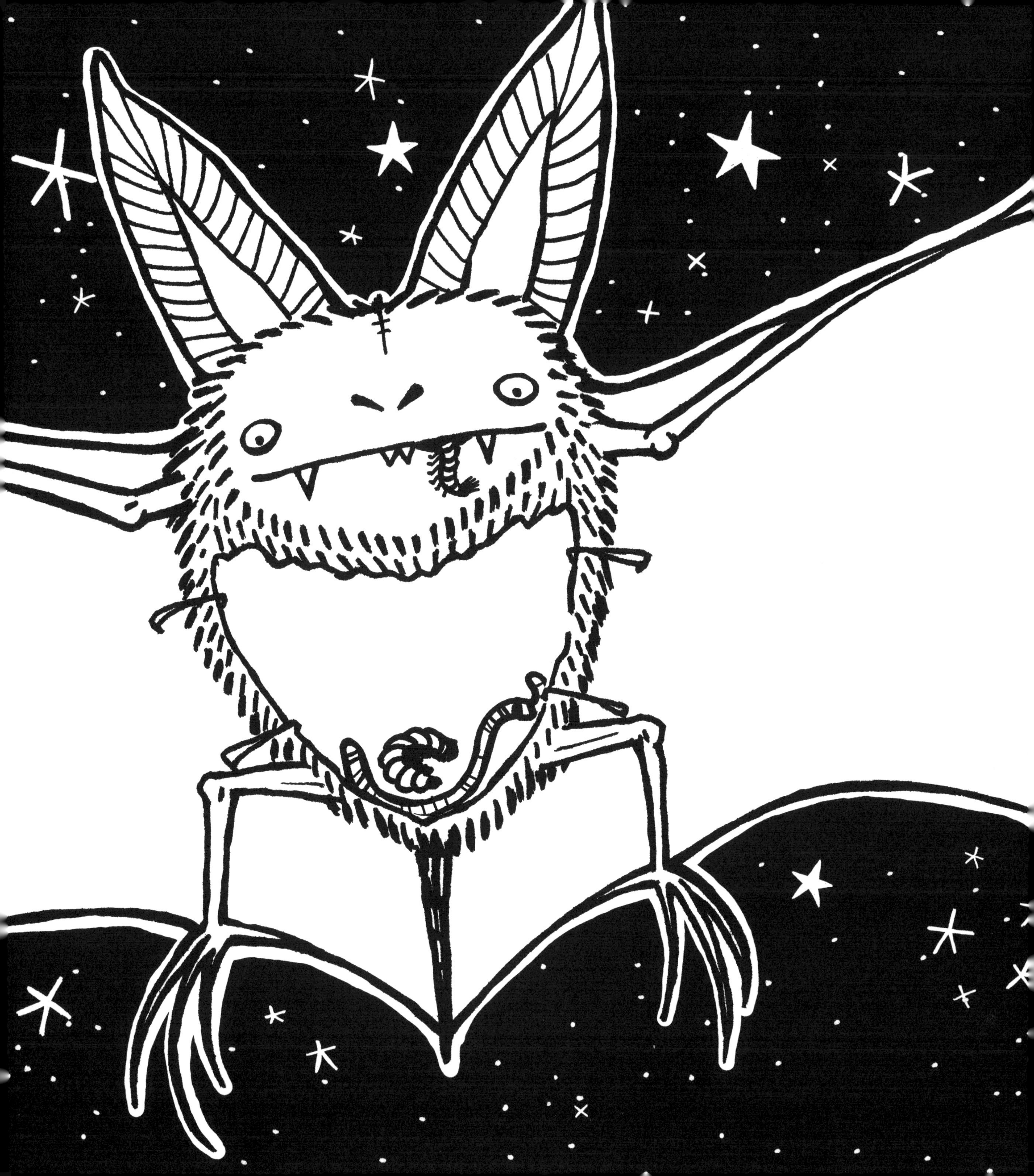

Susa ist ihr neuer Freund **KÄFER-KARL** entwischt! Kannst du ihr helfen, ihn wiederzufinden?

KRABBEL KRABBEL KRABBEL

Lösung auf der vorvorvorletzten Seite!

Das ist ein **MÄCHTIG STARKER EINAUG-RIESE!** Du kannst ihn besiegen, indem du ihn vollmalst mit **BUNTEN TATTOOS.** (Pssst! Er hat nämlich Angst vor bunten Bildern!)

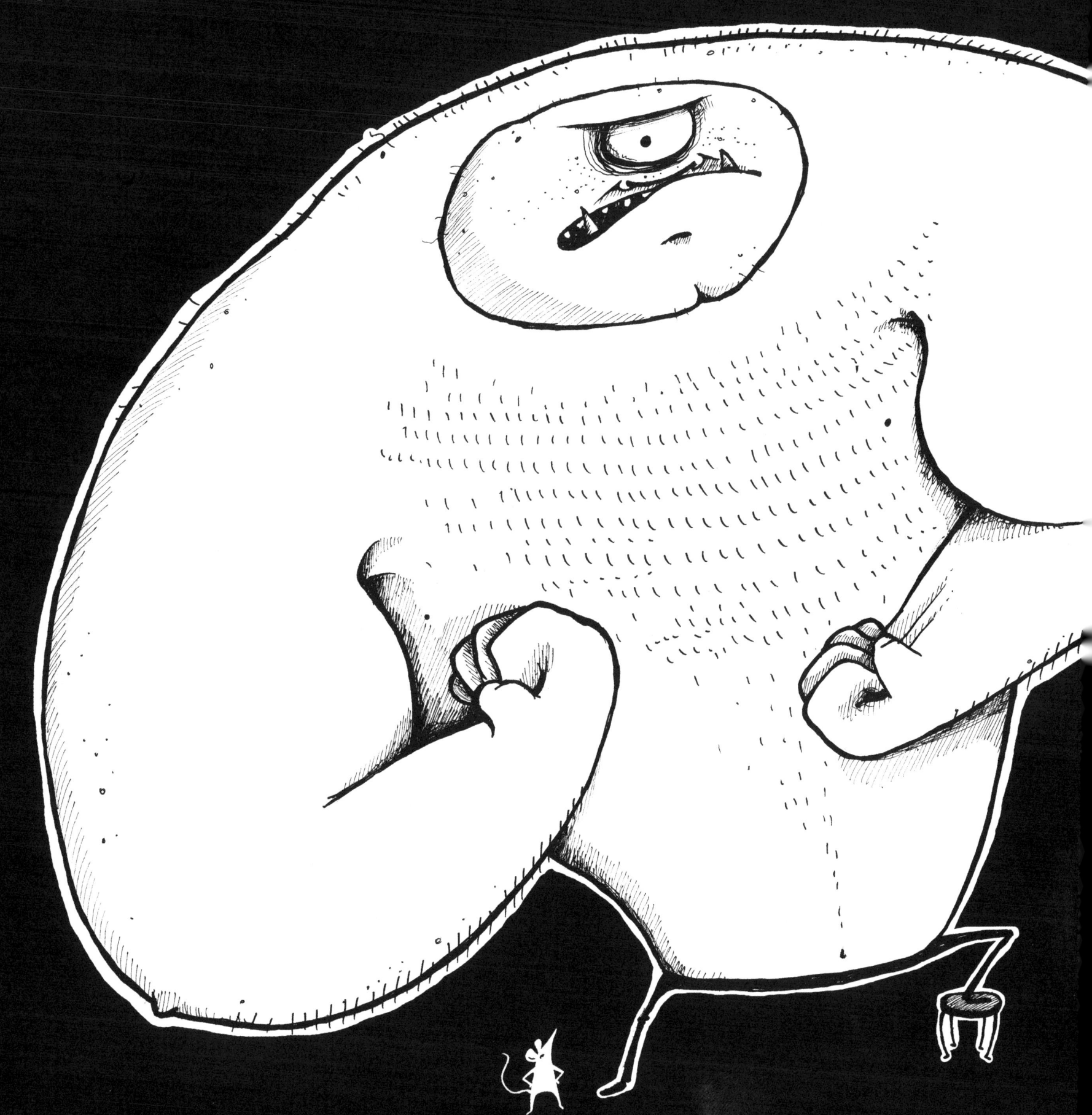

In den **TIEFEN DES MEERES,** 10000 Meter tief, leben viele **GRUSELIGE KREATUREN**... Was hat das U-Boot entdeckt? Fische? Einen Schatz? oder doch ein **TIEFSEEMONSTER?** Male es!

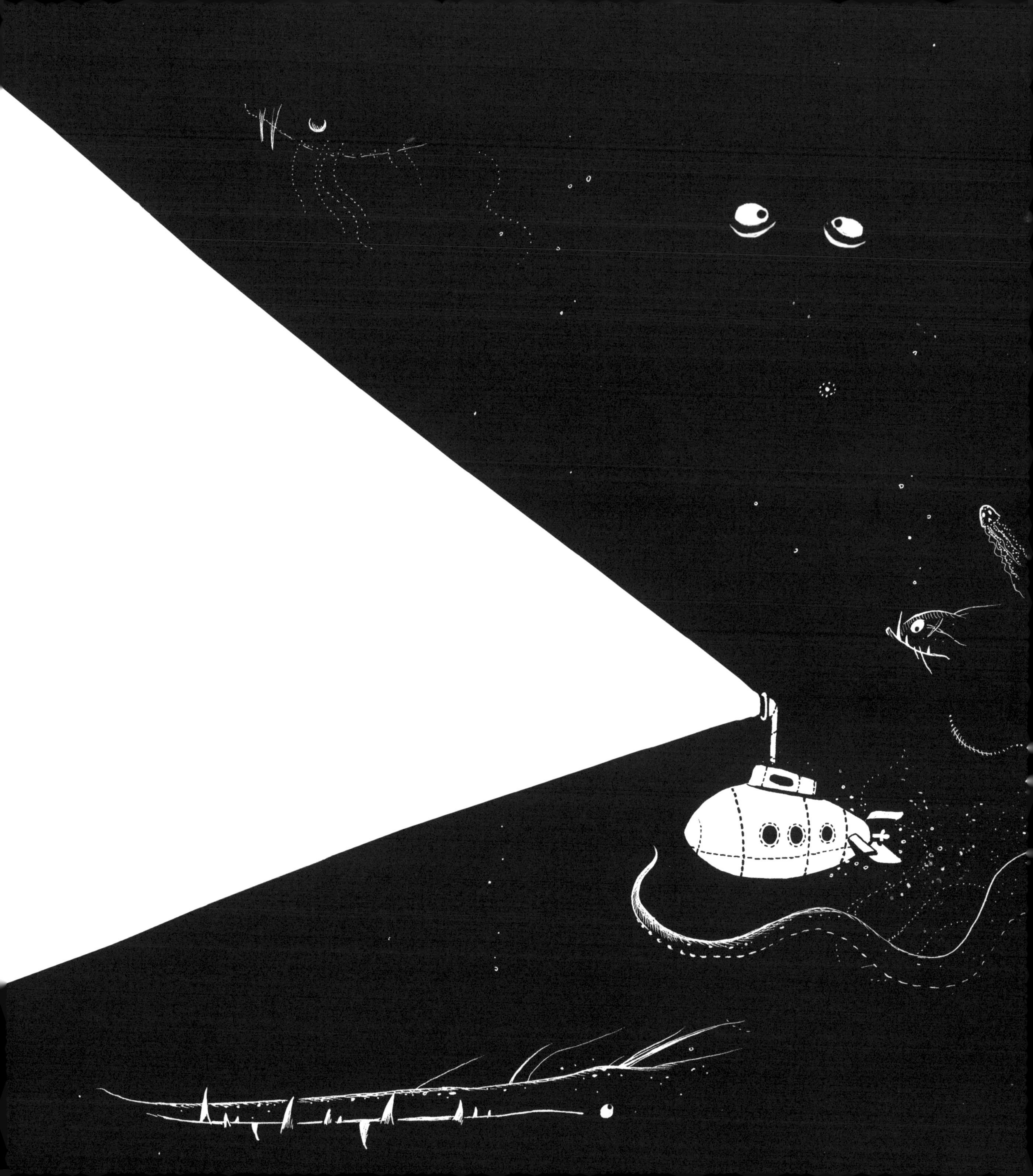

Das Mut-Licht

Das brauchst du:

- Eine Schere
- Kleber
- Ein elektronisches Teelicht
- + Einen Erwachsenen als Bastelhelfer

Sei auf der Hut, denn ich habe Mut!!

Das **MUT-LICHT** leuchtet in der Nacht für dich! Wenn es **SCHUMMERIG** wird, verjagt es alle **DUNKELHEIT**!

SCHRITT 1

Schneide das Papier für das Licht hier an dieser gestrichelten Linie ab.

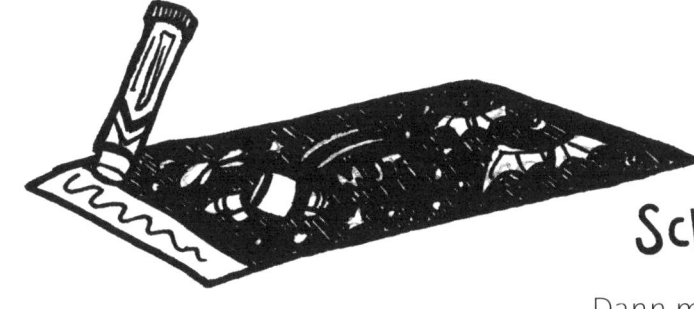

SCHRITT 2

Dann machst du etwas Kleber auf den weißen Klebestreifen am Rand.

SCHRITT 3

Rolle das Papier ein bisschen zusammen und klebe das andere Ende auf den weißen Streifen mit Kleber.

SCHRITT 4

Am besten besorgst du dir ein elektronisches Teelicht. Darüber kannst du dann dein Licht stellen und es leuchten lassen!

FERTIG!!

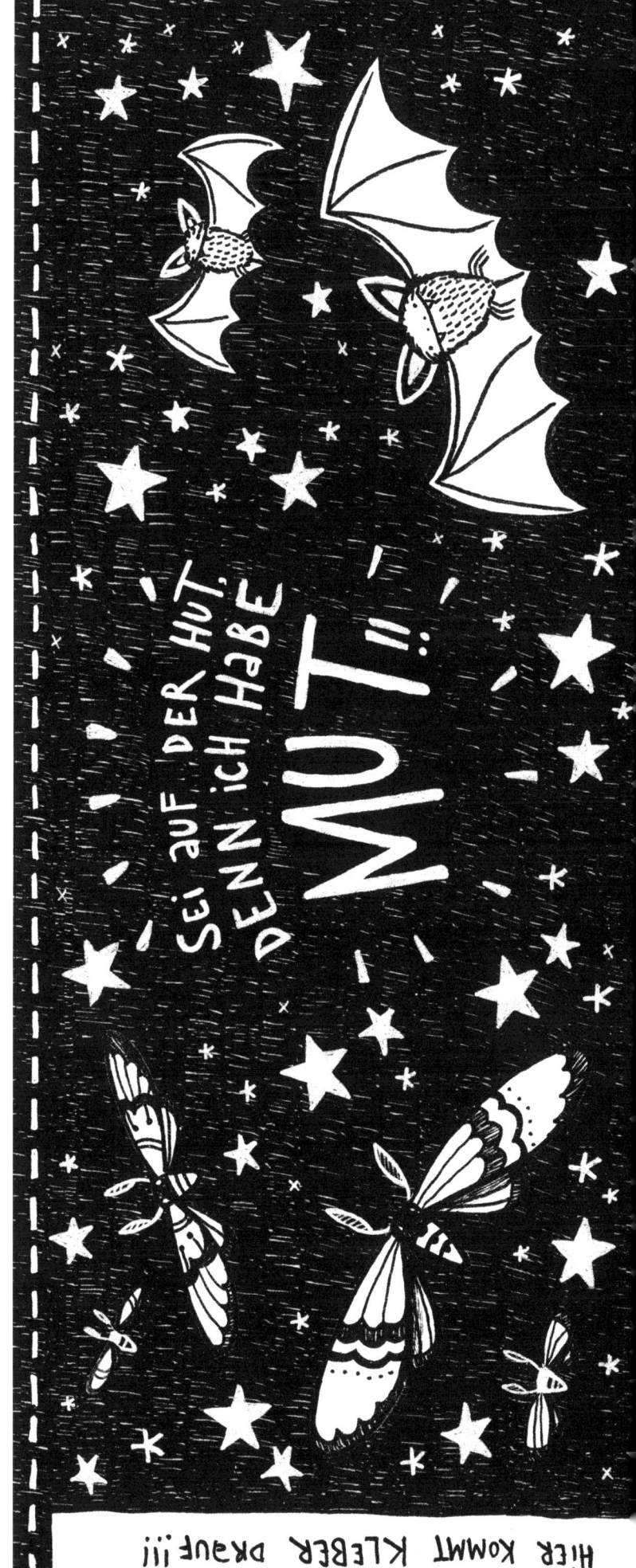

Sei auf der Hut, denn ich habe MUT!!

HIER KOMMT KLEBER DRAUF!!!

Monster-Masken-Party Teil 1

WUSSTEST DU?

In Mexiko malen die Menschen mit bunten Farben fröhliche Muster auf Totenköpfe.
Male deine Maske ganz bunt an!

ÖSE FÜR DAS BAND

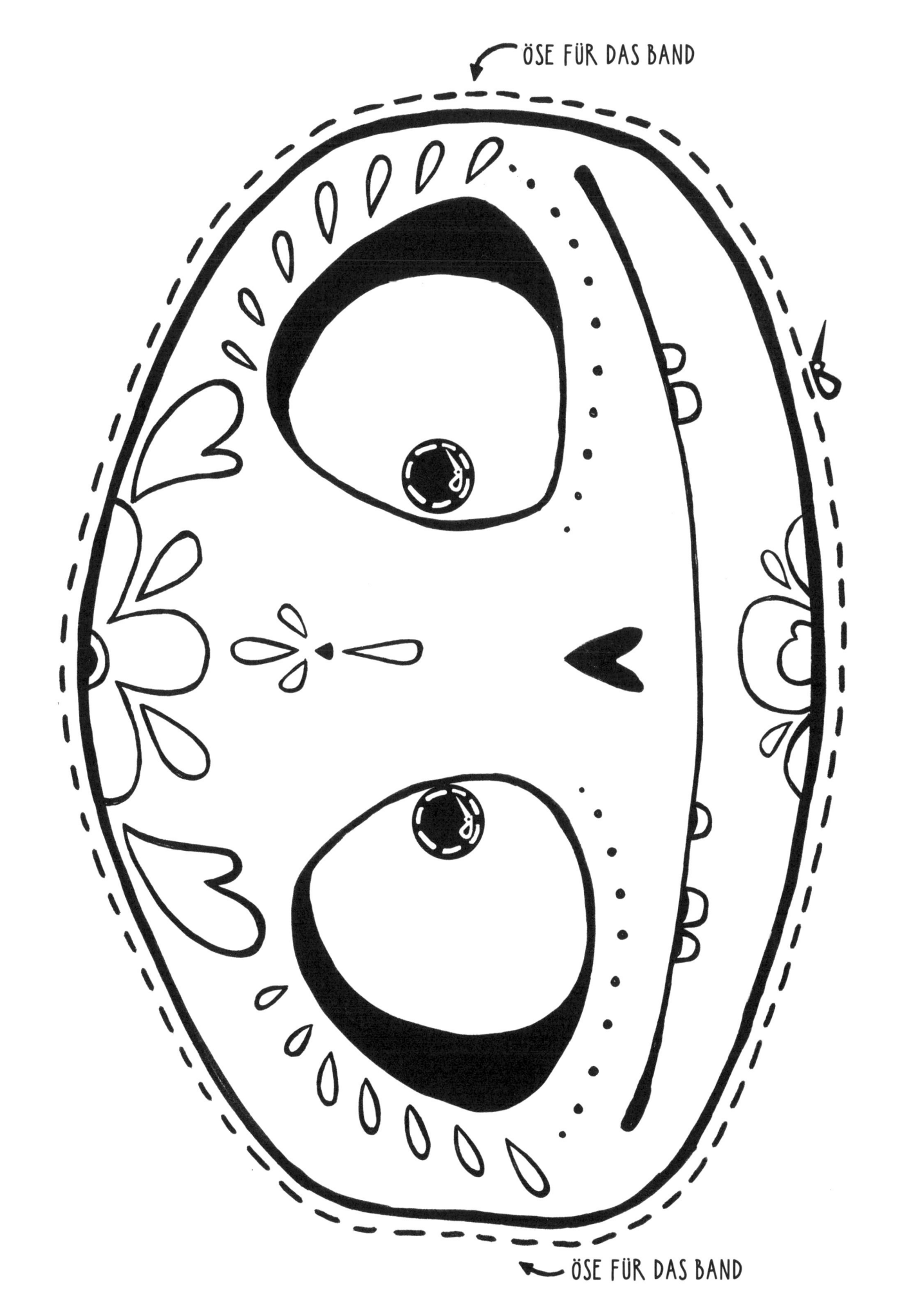

ÖSE FÜR DAS BAND
ÖSE FÜR DAS BAND

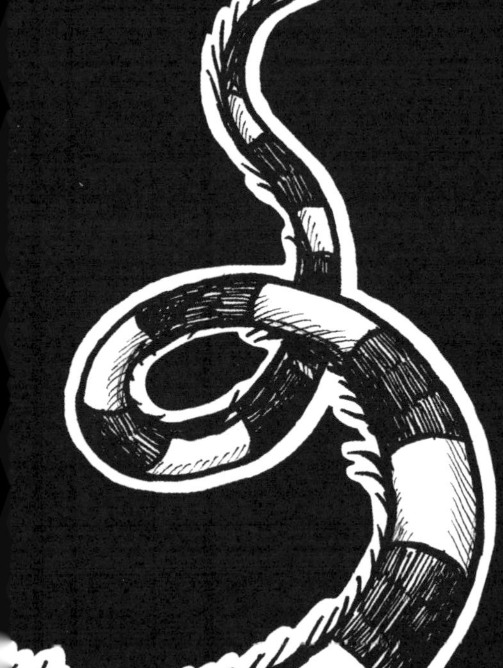

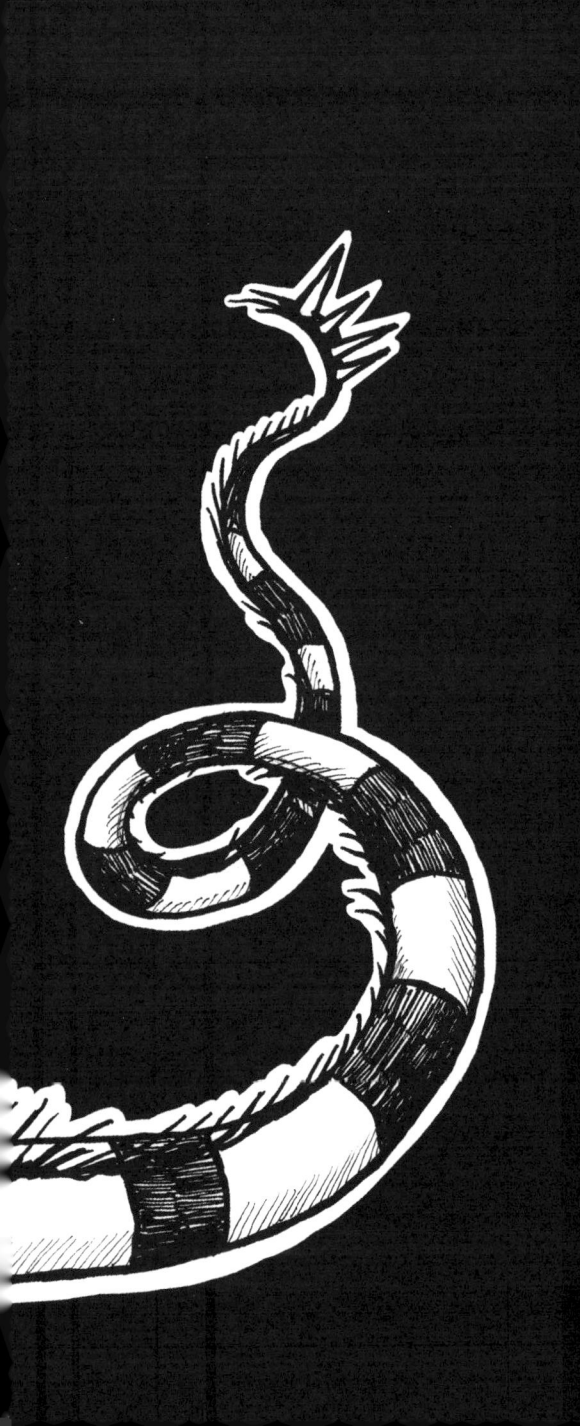

Gleich gibt es hier ein **MÄCHTIGES, DUNKLES GEWITTER!**
Verjage das Gewitter mit bunten Regentropfen und einem **LEUCHTENDEN REGENBOGEN!**

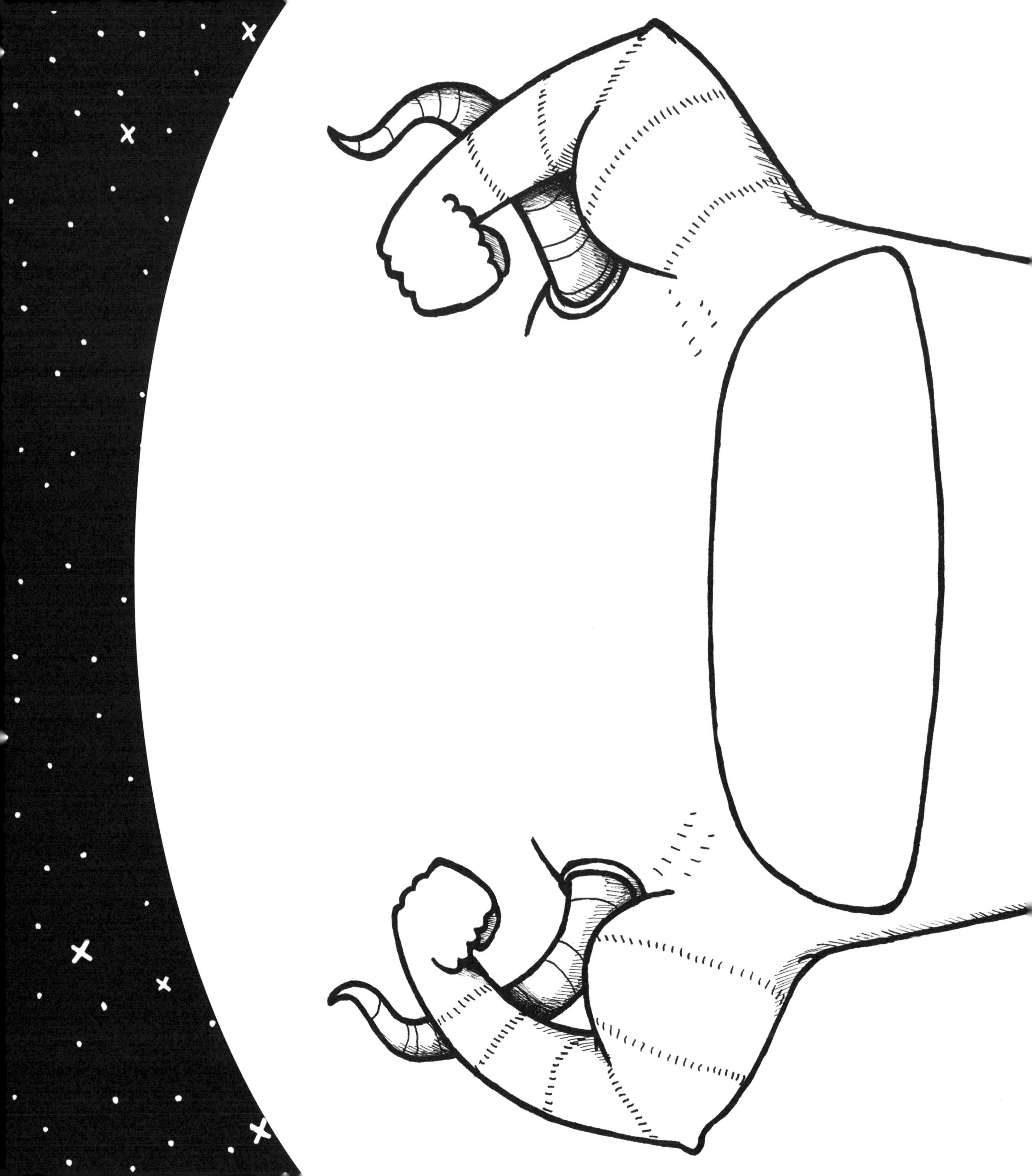

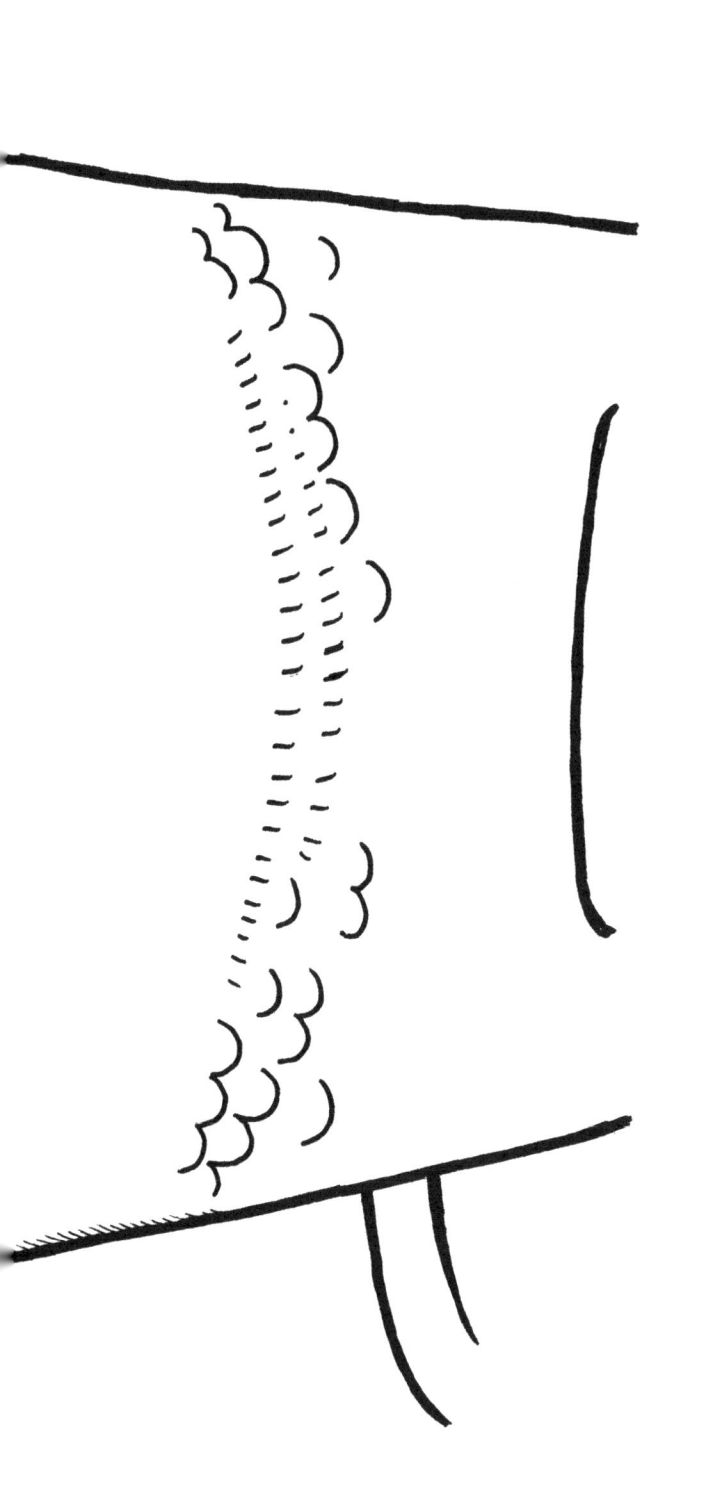

MAL DIR DEIN EIGENES SCHUTZMONSTER!

Wie sieht es aus? Sei kreativ! Ist es ganz bunt? Hat es noch mehr Hörner, Arme, Flügel? Ganz viele Haare und Zähne? Was für Augen hat es? Und wie viele? Es fehlen auch noch Beine … was für einen Schwanz hat es? Was kann es alles?

ZEITUNGS MONSTER

Erschaffe dir dein eigenes **ZEITUNGSMONSTER!** Suche dir ein paar Zeitschriften oder Zeitungen und schneide Augen, Mund, Nase, verschiedene Arme oder Gegenstände aus.

KLEBE SIE IN EINER COLLAGE ZU EINEM LUSTIGEN MONSTER ZUSAMMEN!

DAS BRAUCHST DU:

- EINE SCHERE
- EIN PAAR ZEITUNGEN
- KLEBER

SCHNEIDE ETWAS LUSTIGES FÜR OHREN AUS!

HÖRNER

HÖRNER

SCHNEIDE ETWAS LUSTIGES FÜR OHREN AUS!

KLEBE HIER EIN AUGE HIN!

KLEBE HIER EIN AUGE HIN!

KLEBE HIER EIN AUGE HIN!

HIER KOMMT EINE NASE DRAUF!

KLEBE HIER EIN AUGE HIN!

HIER KOMMT EIN ARM HIN!

HIER KOMMT EIN ARM HIN!

SUCHE EINEN LUSTIGEN MUND UND KLEBE IHN HIER HIN!

HIER KOMMT EIN ARM HIN!

HIER KOMMT EIN ARM HIN!

SCHNEIDE ODER REIßE 3 HOSEN AUS UND KLEBE SIE ALS BEINE HIER AUF!

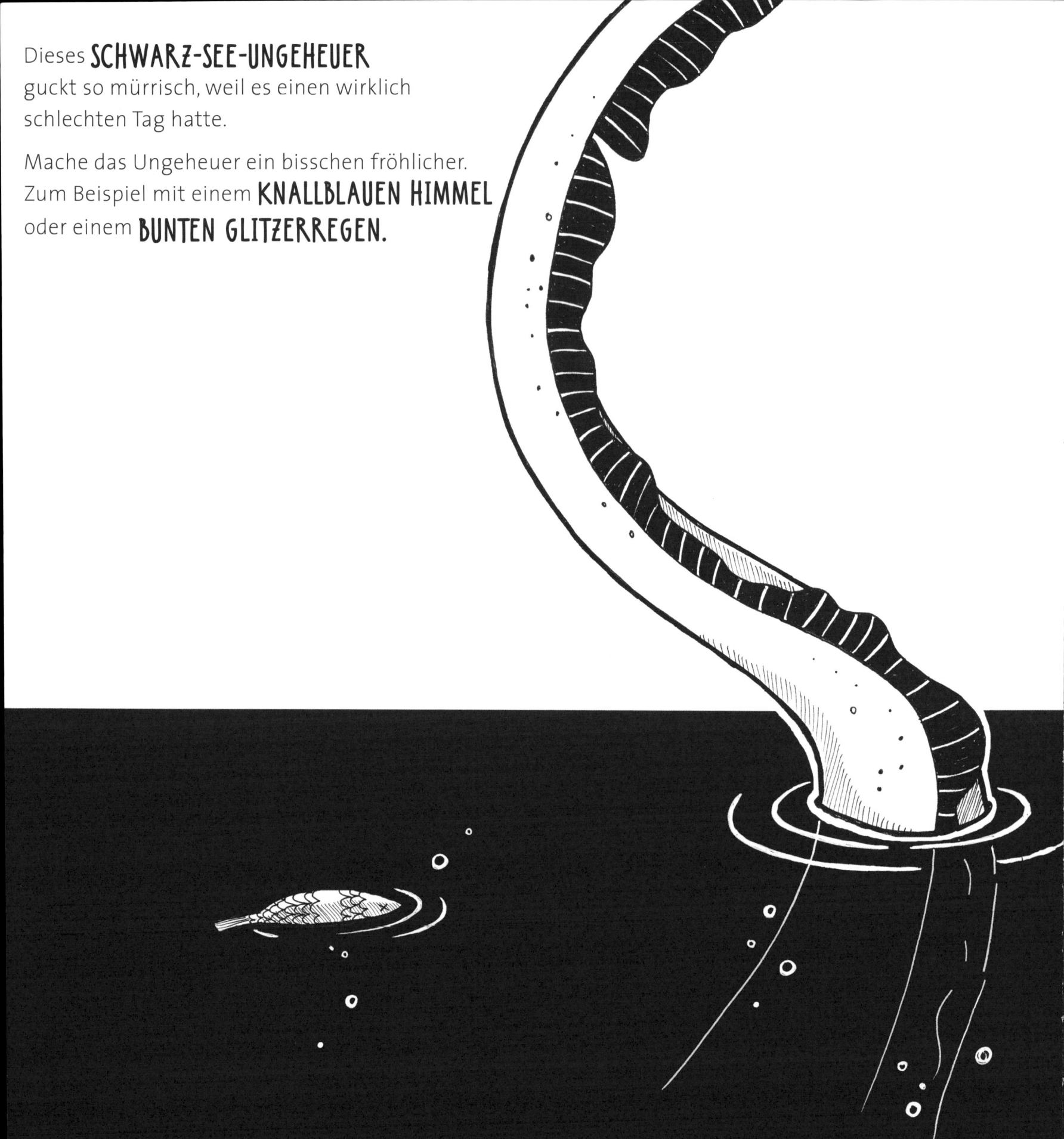

Dieses **SCHWARZ-SEE-UNGEHEUER** guckt so mürrisch, weil es einen wirklich schlechten Tag hatte.

Mache das Ungeheuer ein bisschen fröhlicher. Zum Beispiel mit einem **KNALLBLAUEN HIMMEL** oder einem **BUNTEN GLITZERREGEN.**

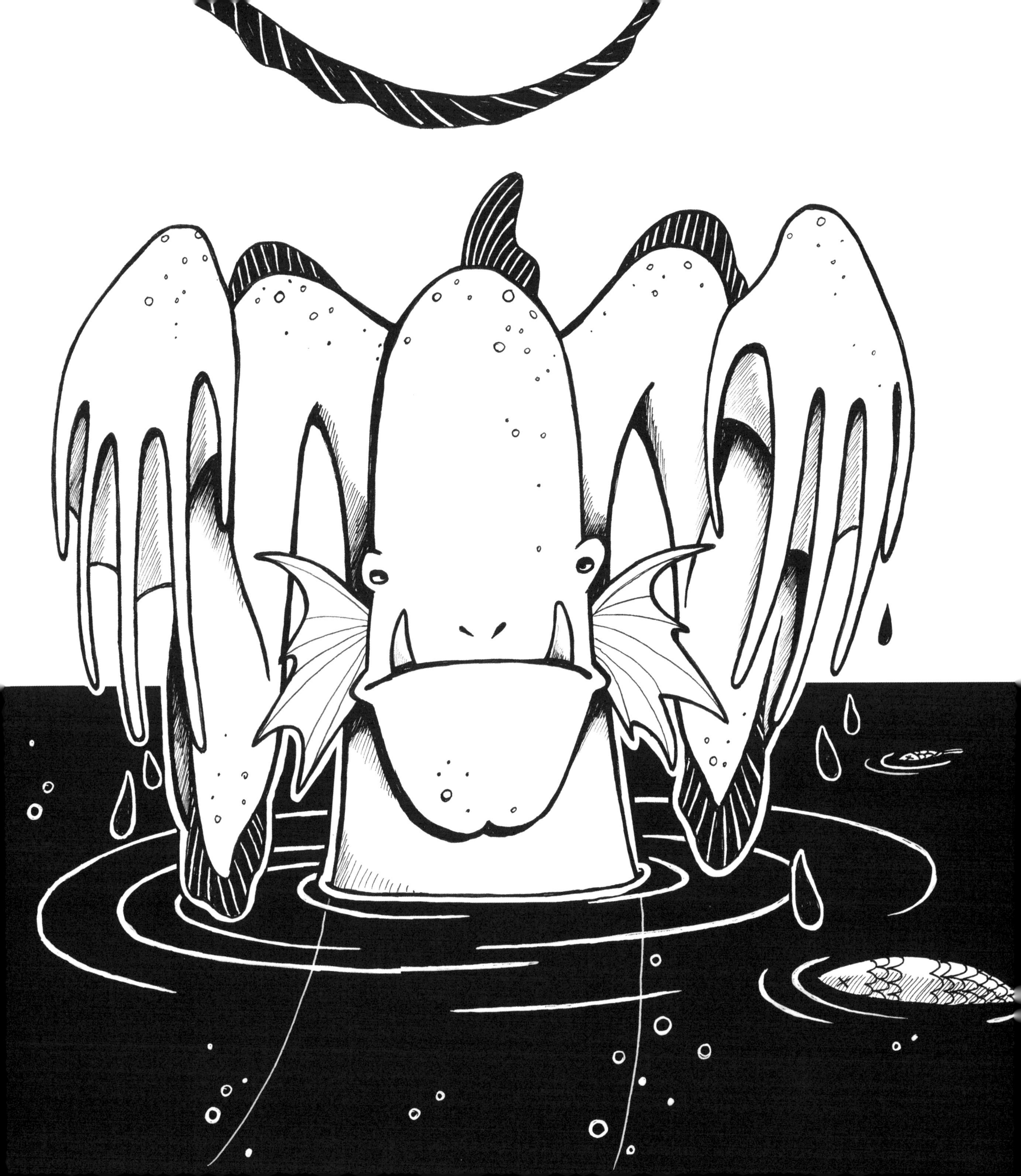

SPURENSUCHE!
BIST DU EIN MONSTERKENNER?

Zu welchen Beinen gehören diese Fußspuren? Verbinde die richtigen Paare!

Lösung auf der vorvorvorletzten Seite!

Der Stamm der **BUHU-MONSTER** erschreckt seine Gegner mit den verrücktesten Grimassen. Dabei hüpfen und schreien sie **GANZ LAUT**.

Wie sieht deine **GRUSELIGSTE GRIMASSE** aus? Mache ein Foto davon und klebe es hier ein!

KANNST AUCH DU HÜPFEN UND SCHREIEN WIE EIN ECHTES BUHU-MONSTER?

WUAAAHHH...

Wem gehört dieser SCHATTEN?

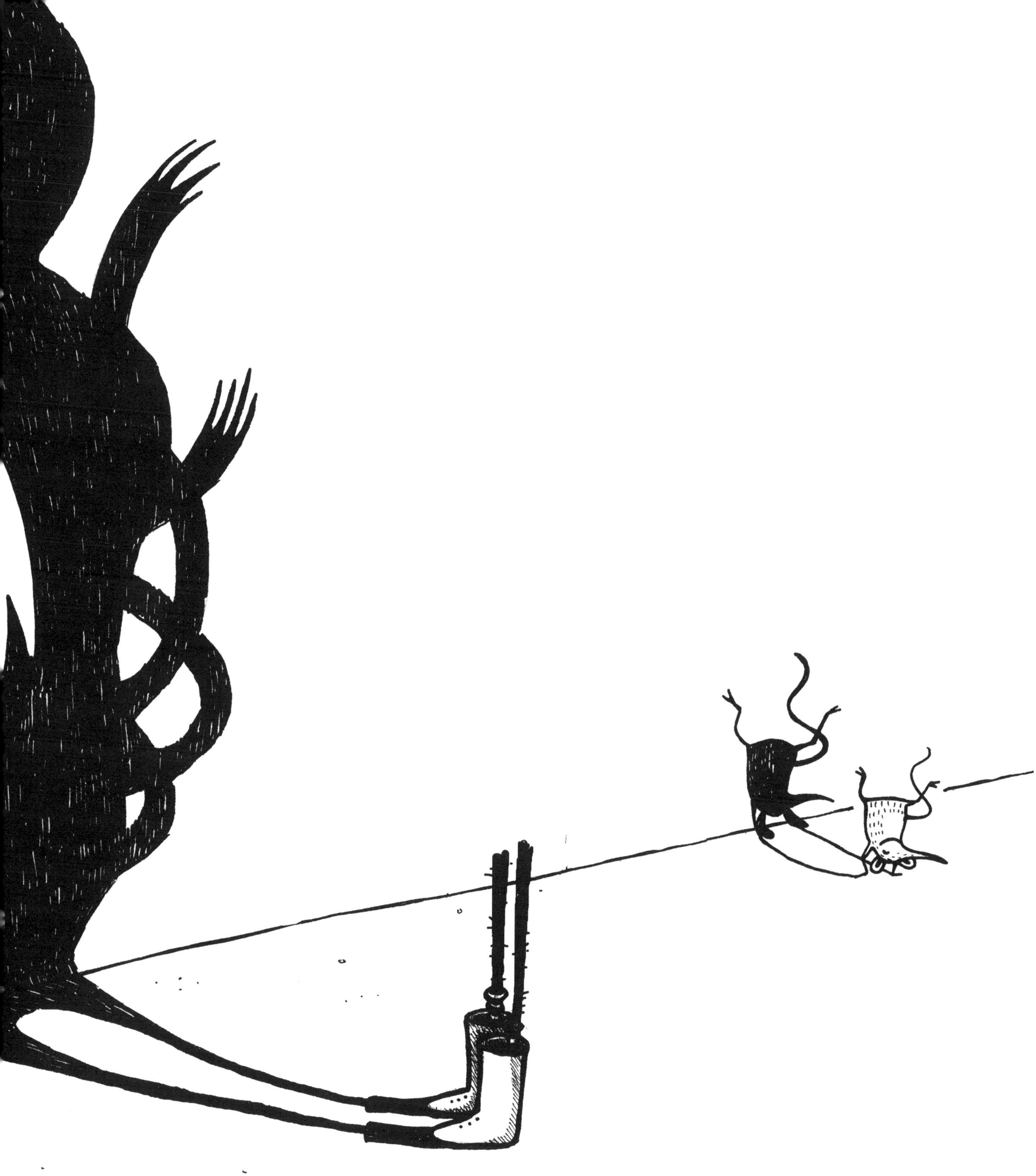

INSEKTENATTACKEEEE!

Kritzel alle Käfer und Fliegen bunt!
Hier sind vier Insekten doppelt, findest du sie?

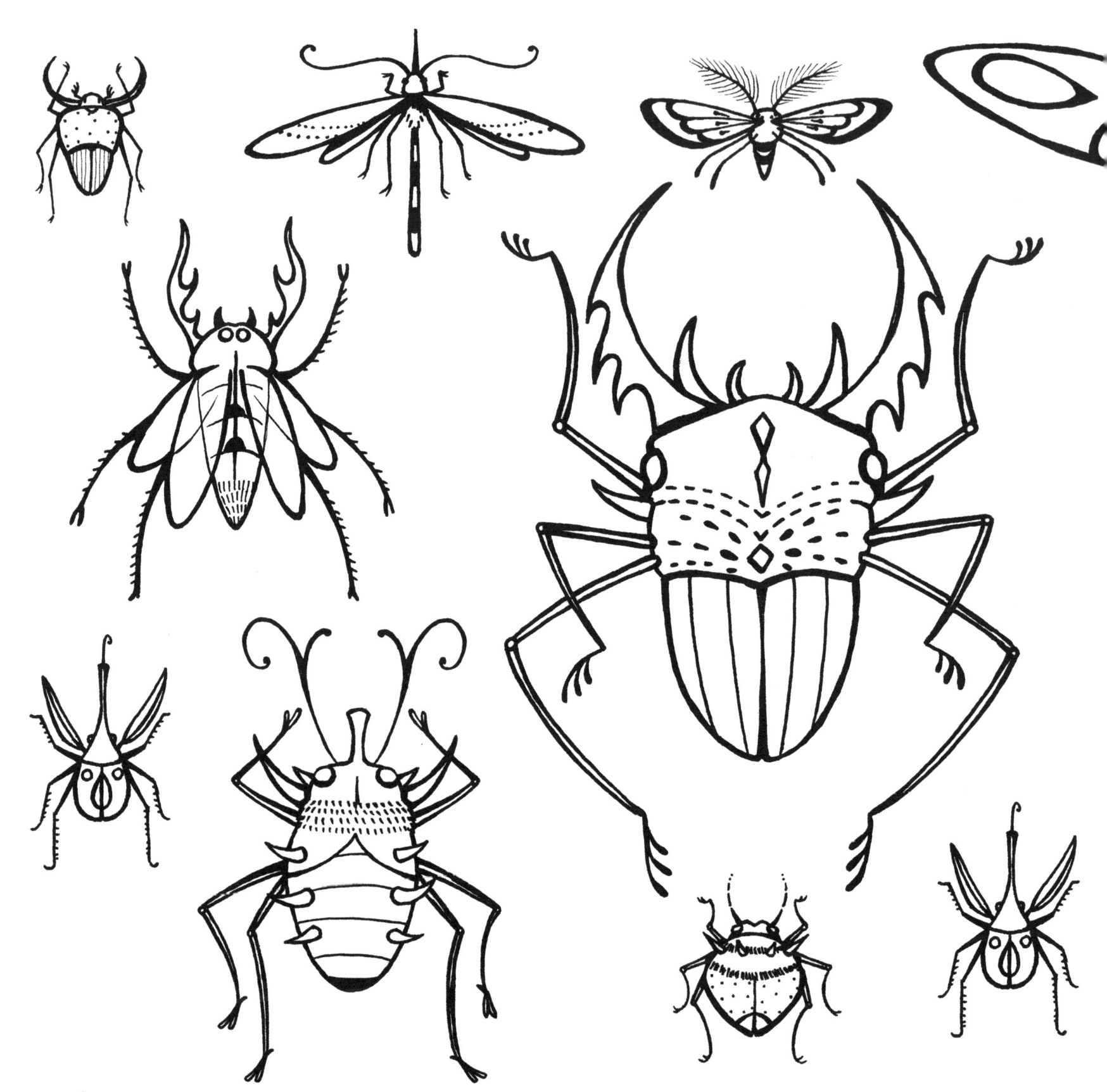

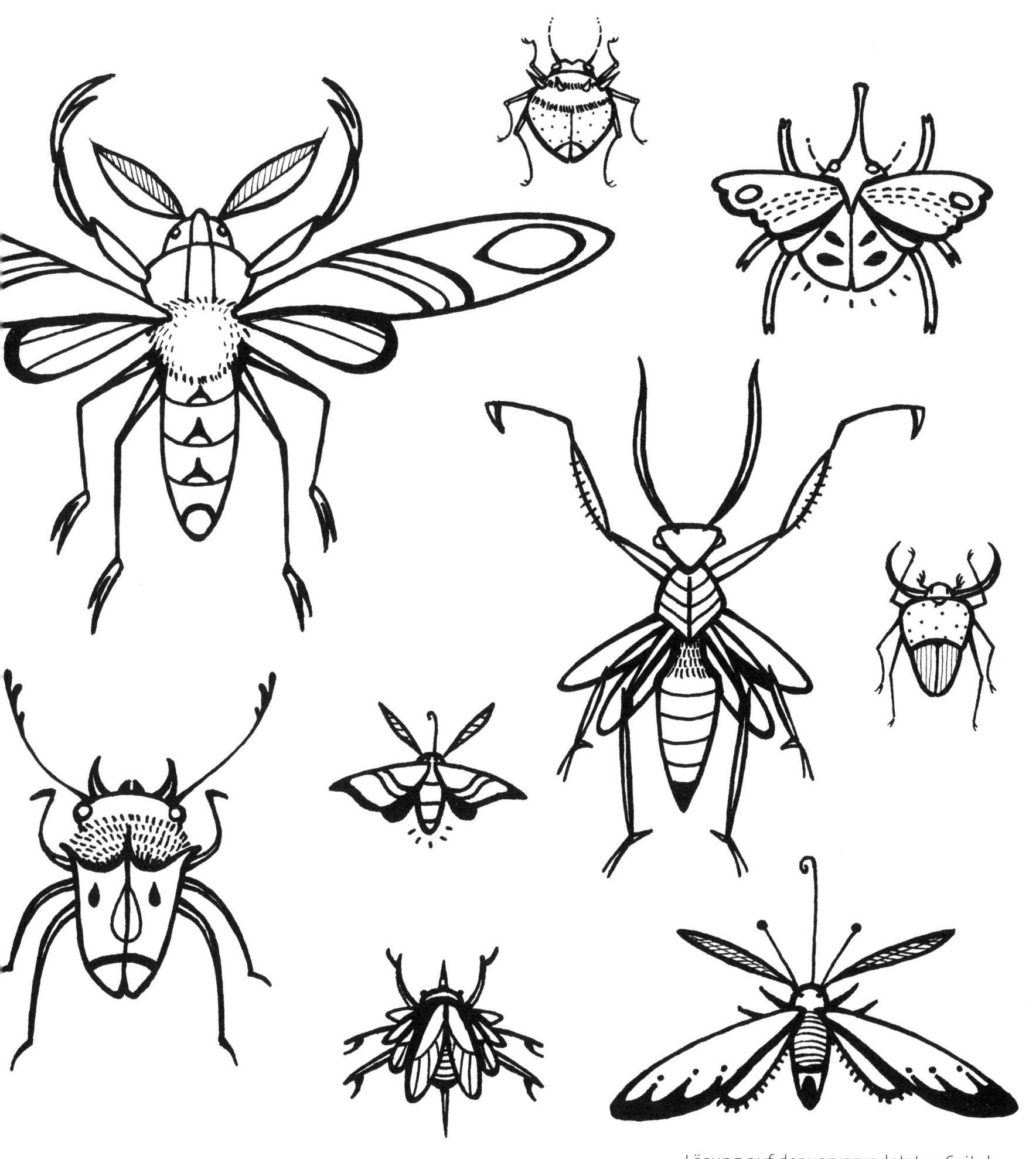

Lösung auf der vorvorvorletzten Seite!

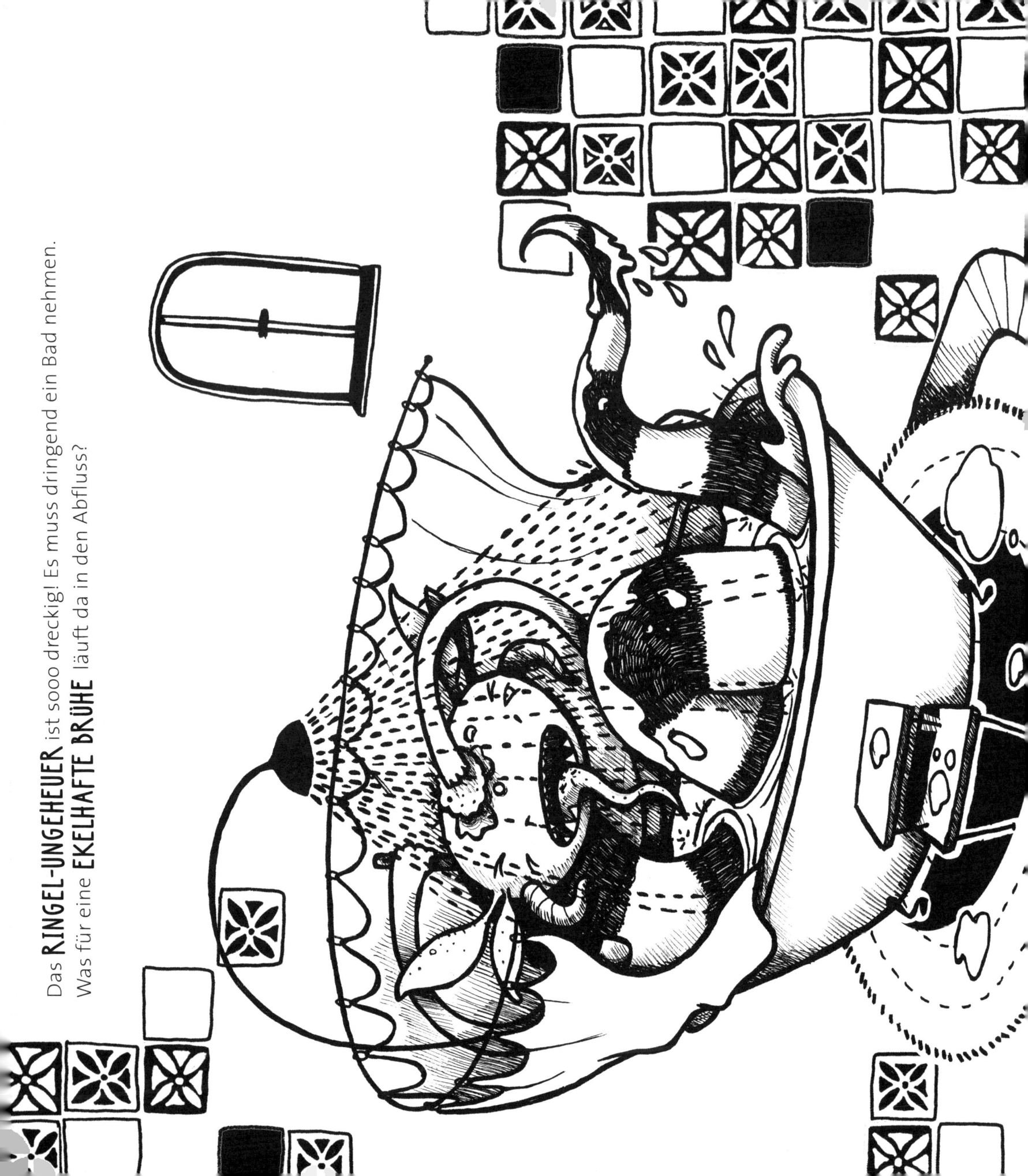

Das **RINGEL-UNGEHEUER** ist sooo dreckig! Es muss dringend ein Bad nehmen. Was für eine **EKELHAFTE BRÜHE** läuft da in den Abfluss?

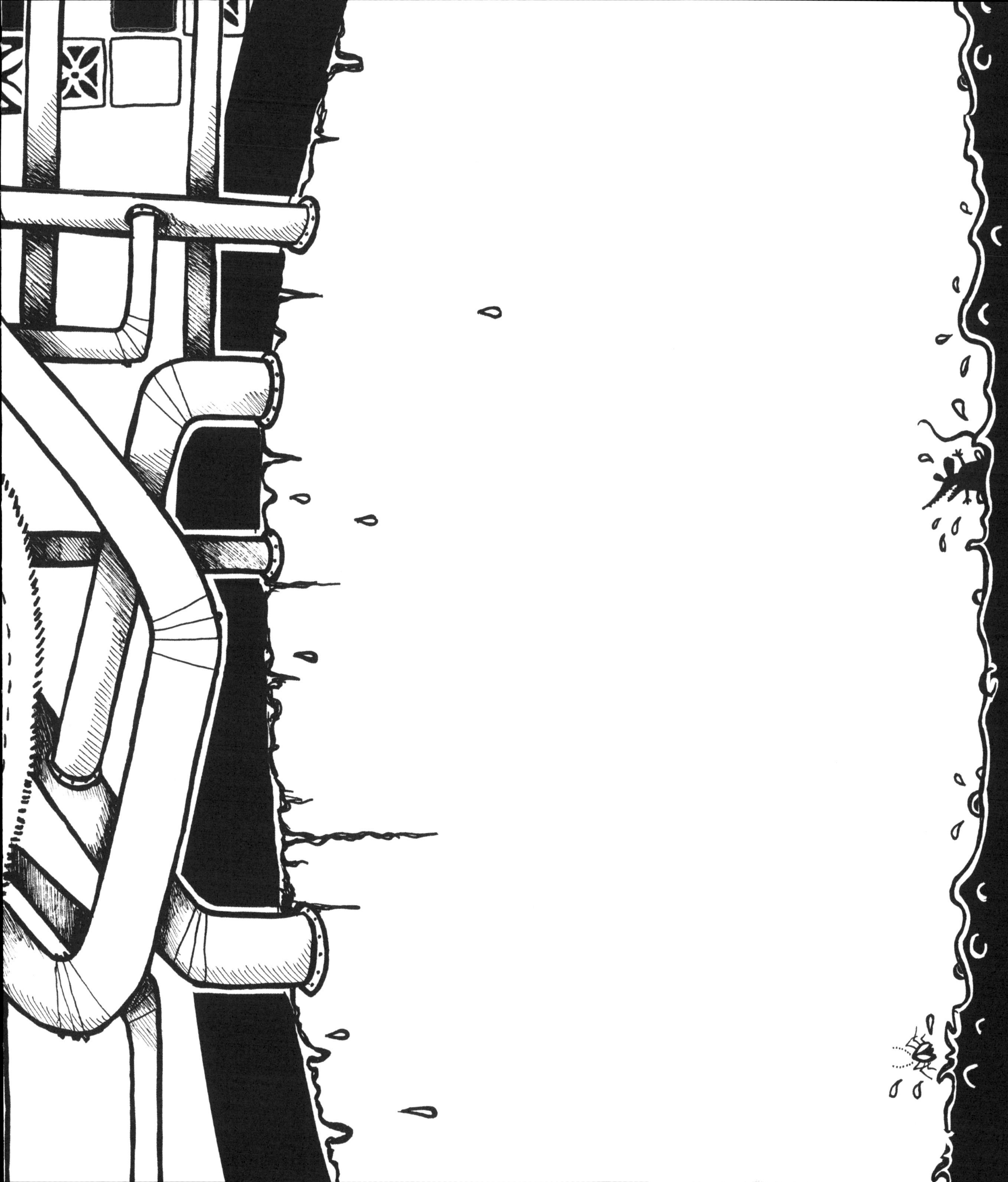

MUT-SAMMEL-SEITE 1

PUH! GESCHAFFT!

Du bist sehr mutig! Du hast den ersten Teil geschafft und somit die **BÄRENKRALLE** verdient!

Schneide sie aus und klebe sie auf die zweite Seite in das leere Feld. Zwei Stücke fehlen dir noch ...

Bevor du jedoch weitermachst, solltest du deinen Mut wieder etwas stärken! Hol dir dazu ein **ROTES GUMMIBÄRCHEN**, schließ die Augen und lass es langsam auf der Zunge zergehen. mach dann noch einmal den Mut-Zauber ...

NA? SPÜRST DU DEN BÄRENMUT SCHON?

Ein **GUMMIBÄRCHEN** FÜR DEN **BÄRENMUT**...

BÄRENKRALLE

Dem **TUPF-SCHUPPEN-FISCHER** fehlen die Schuppen!
Er braucht sie, um sich zu tarnen und zu schützen. Kannst du ihm helfen?

Tunke deinen Finger in Wasserfarbe und tupfe das Ungeheuer voll mit **BUNTEN SCHUPPEN!**

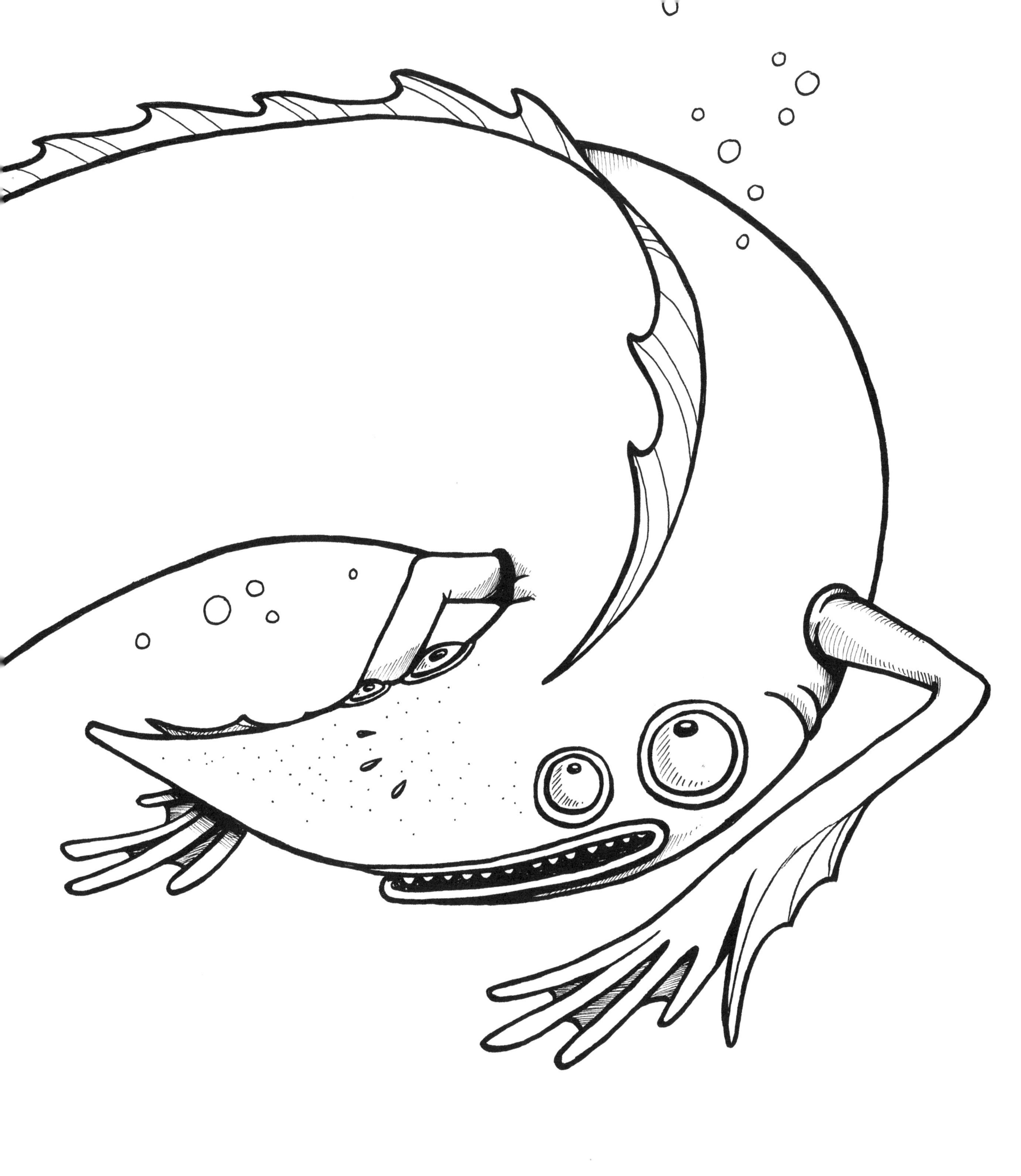

SCHATTEN-HÖHLE

Oft sehen Schatten aus wie **SELTSAME FIGUREN,** dabei sind es nur harmlose Gegenstände.

Hier siehst du, wie ein **SCHATTEN** entsteht: Eine Lichtquelle strahlt Gegenstände an. Hinter die Sachen gelangt kein Licht, deshalb ist es hinter ihnen dunkel, also **SCHATTIG.**

LICHTQUELLE

GEGENSTÄNDE

SCHATTEN

Die Schatten sehen umso **GRÖSSER** aus, desto weiter Lichtquelle und Gegenstände von der Wand entfernt sind.

PROBIERE ES SELBST AUS!

Suche dir ein paar Gegenstände und baue sie so zusammen, dass lustige Schattenfiguren an der Wand entstehen!

HANDSCHUHE & SOCKEN

WÄSCHEKLAMMERN

KOCHLÖFFEL, BESTECK

FLASCHEN, DOSEN ODER ANDERE BEHÄLTER

KISTEN ZUM STAPELN

Hier sind ein paar Gegenstände, die sich prima zum Bauen von Schattenfiguren eignen.

SCHATTEN-SPIEL

Mit **DEINEN HÄNDEN** kannst du auch lustige Schattenfiguren formen.

Richte dazu eine Lampe auf eine Wand und forme mit deinen Händen Figuren. Überlege dir eine Geschichte dazu!

NOCH LUSTIGER IST ES MIT MEHREREN LEUTEN UND HÄNDEN!

MINI MONSTER

FLEDERMAUS

SPINNE

Wo sind die Augen dieses **BLINZEL-MONSTERS?**

Schneide unterschiedliche Augen aus Zeitschriften aus und klebe sie entlang seines Körpers rechts und links auf. Dann kann es endlich wieder sehen!

Diesem **VIERKÖPFIGEN MONSTER** fehlen noch drei schaurige Köpfe. Sie wachsen aber immer wieder nach! Male dem Monster drei verschiedene neue Köpfe!

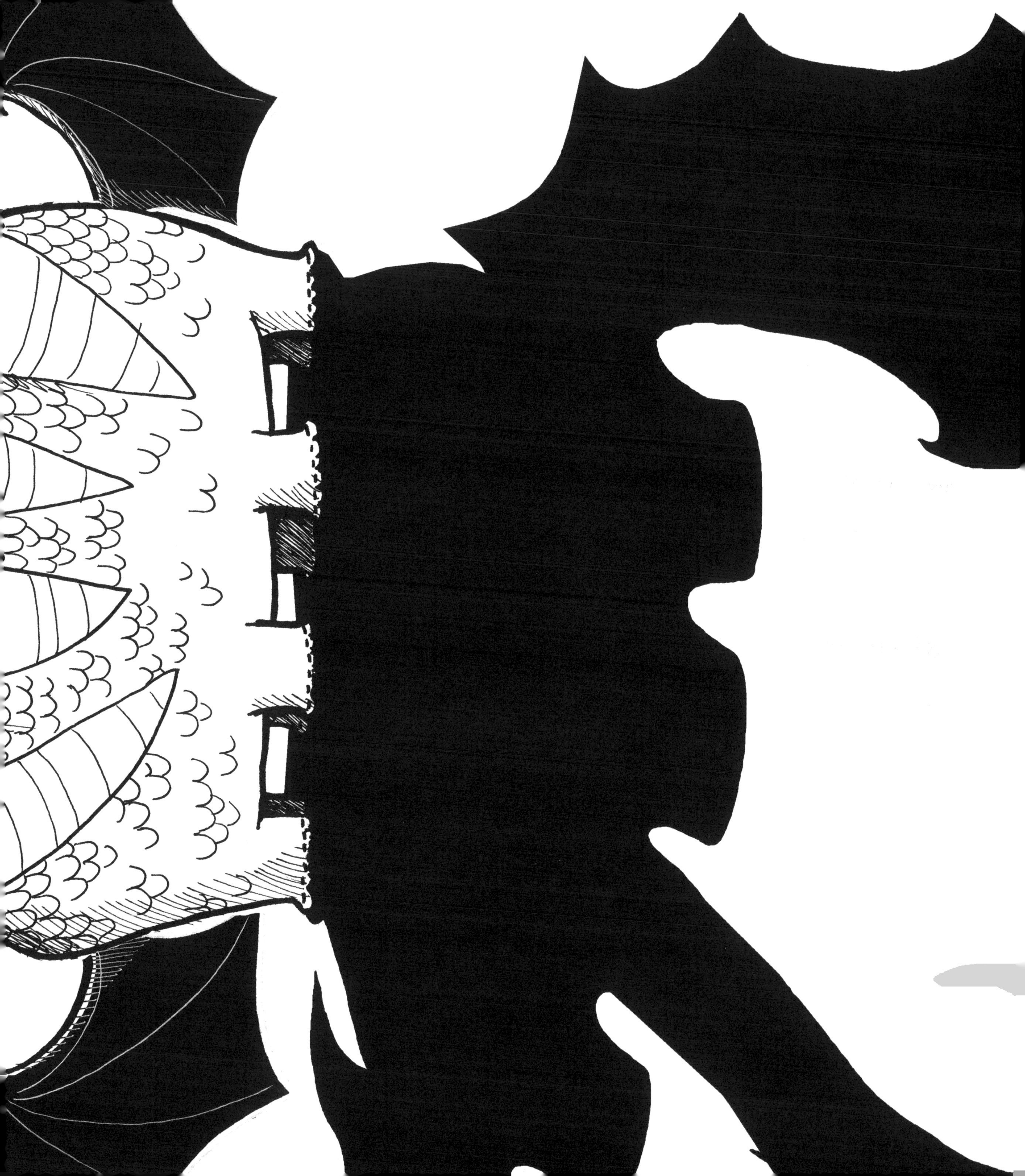

Das Stachelbeer-Monster

Sieben starke Monsterhörner →

Wurf-Stachelbeer-Bomben
(mit extra großen Stacheln!) →

Giftstacheln am Schwanzende
(Gift wirkt in Sekunden…) ↘

Mix dir dein Schutzmonster!

Schneide dazu auf dieser und den nächsten Seiten die gestrichelten Linien ein. Wenn du die Seiten umklappst, erscheint ein Teil der Kreatur darunter. So kannst du dir ein lustiges Monster zusammenmixen.

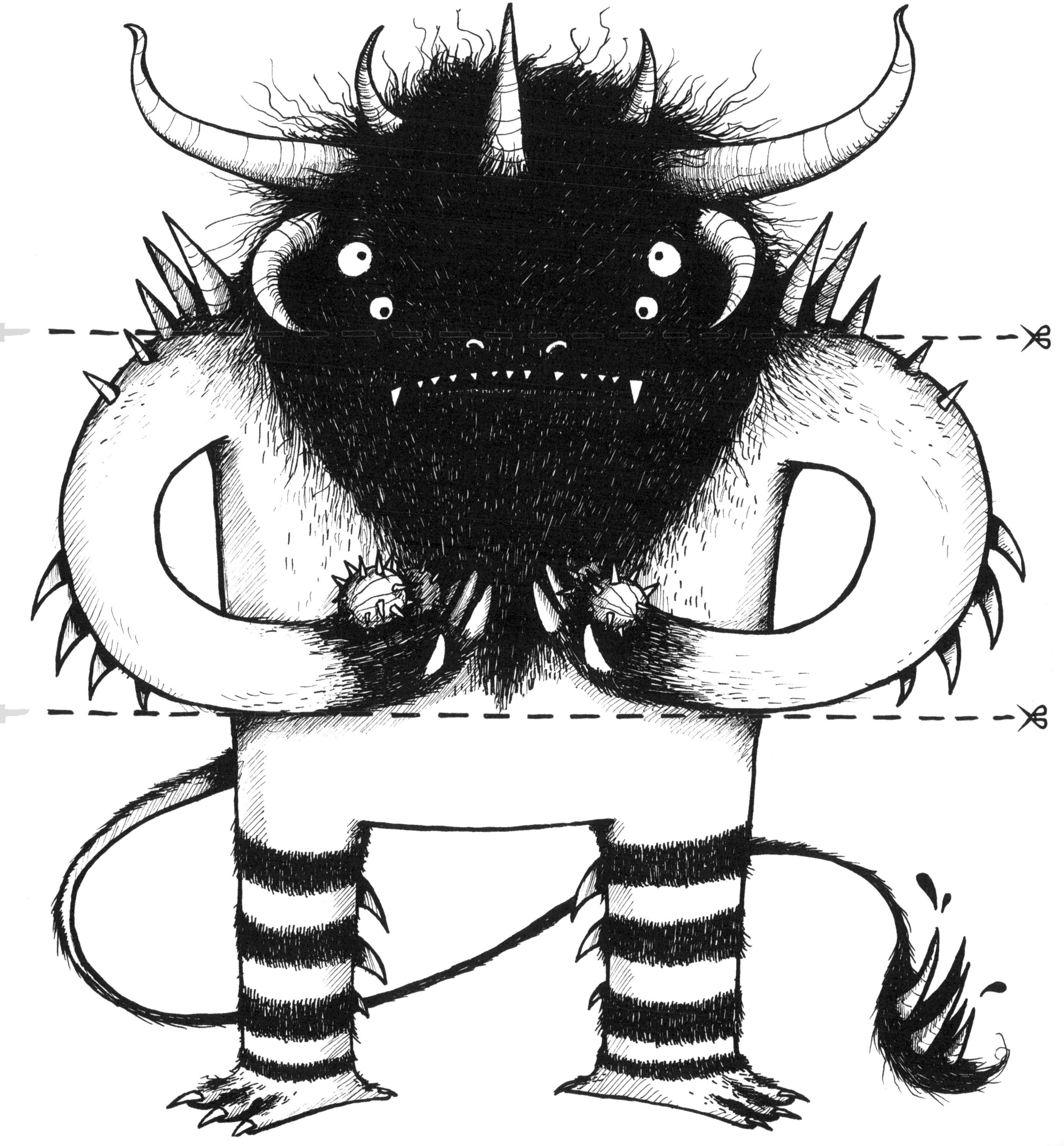

DER GRAUSAME GESTEIN-GRABER

RIESENKLAUEN & NACHTSICHT BRILLE →

8 ZAUBERSTEINE →
(SCHUTZ & MACHEN UNBESIEGBAR!)

FUSSKLAUEN →
(GRABEN IN SEKUNDEN SCHNELLE JEDEN GEGNER BIS ZUM KOPF EIN.)

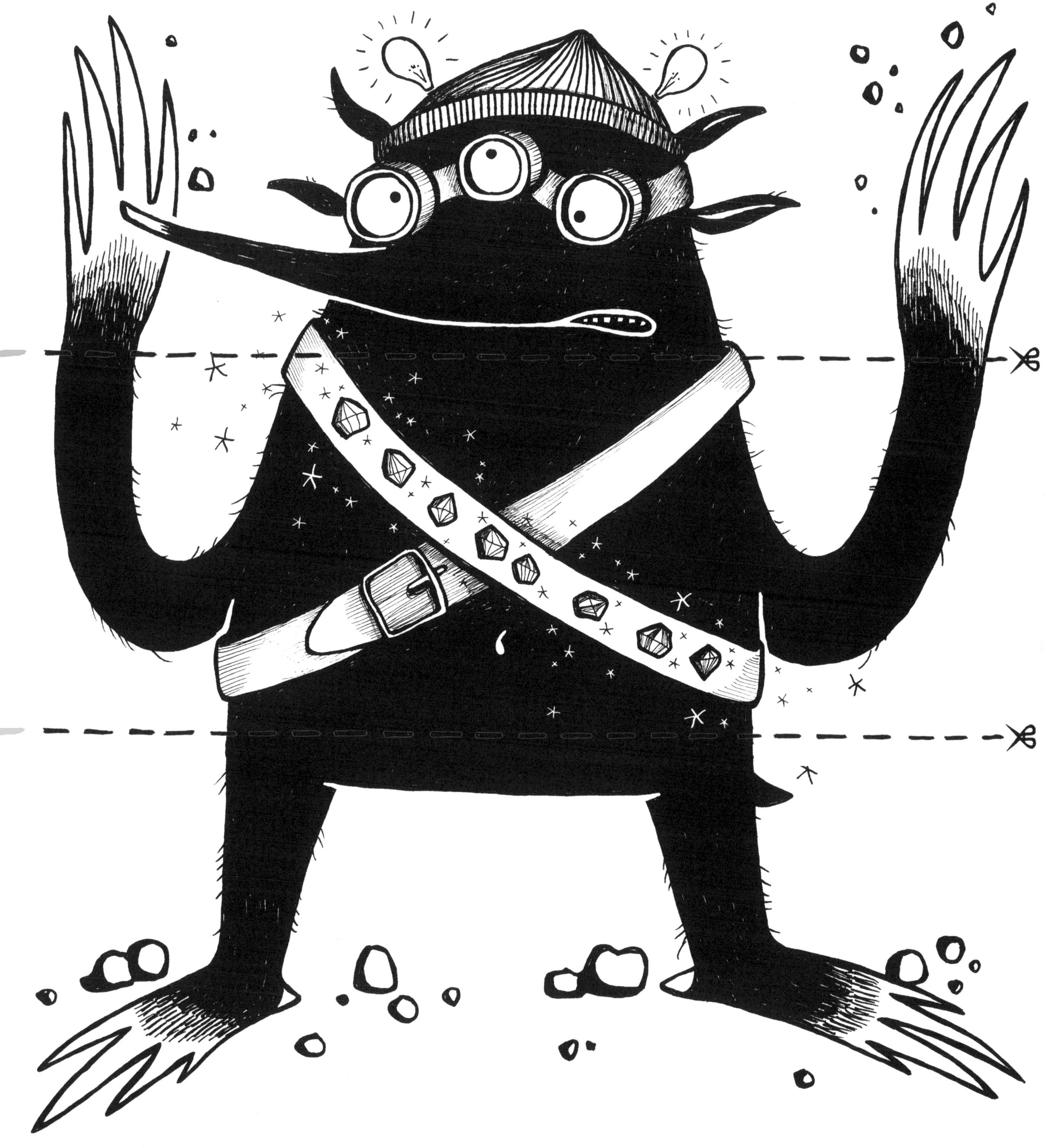

DIE WURZEL-ERD-EULE

HEILWURZEL-HÖRNER
(HEILEN ALLES!!)

FLÜGEL
(ZUM TAUCHEN, SCHWIMMEN, FLIEGEN...)

ZAUBERFEDERN
(MACHEN UNSICHTBAR...)

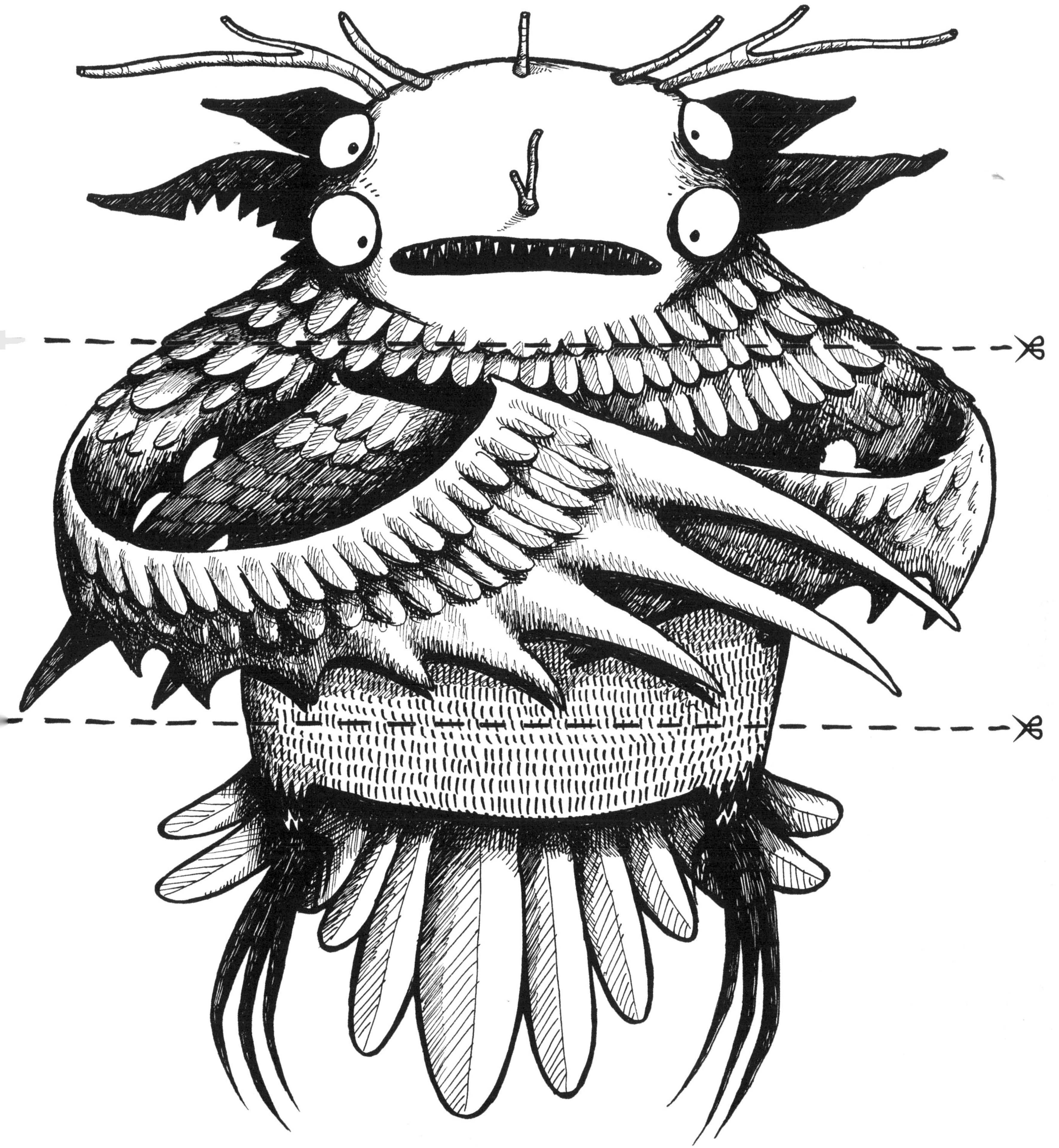

DER KRAKEN DER FINSTERNIS

ACHT AUGEN →
(SEHEN ALLES IN ALLE RICHTUNGEN...)

VIER DÜSTERDÜSEN →
(MACHEN IN SEKUNDEN ALLES DUNKEL...)

TENTAKEL-ARME →
(MIT SUPER-KRAFT UND GIFTDÜSEN)

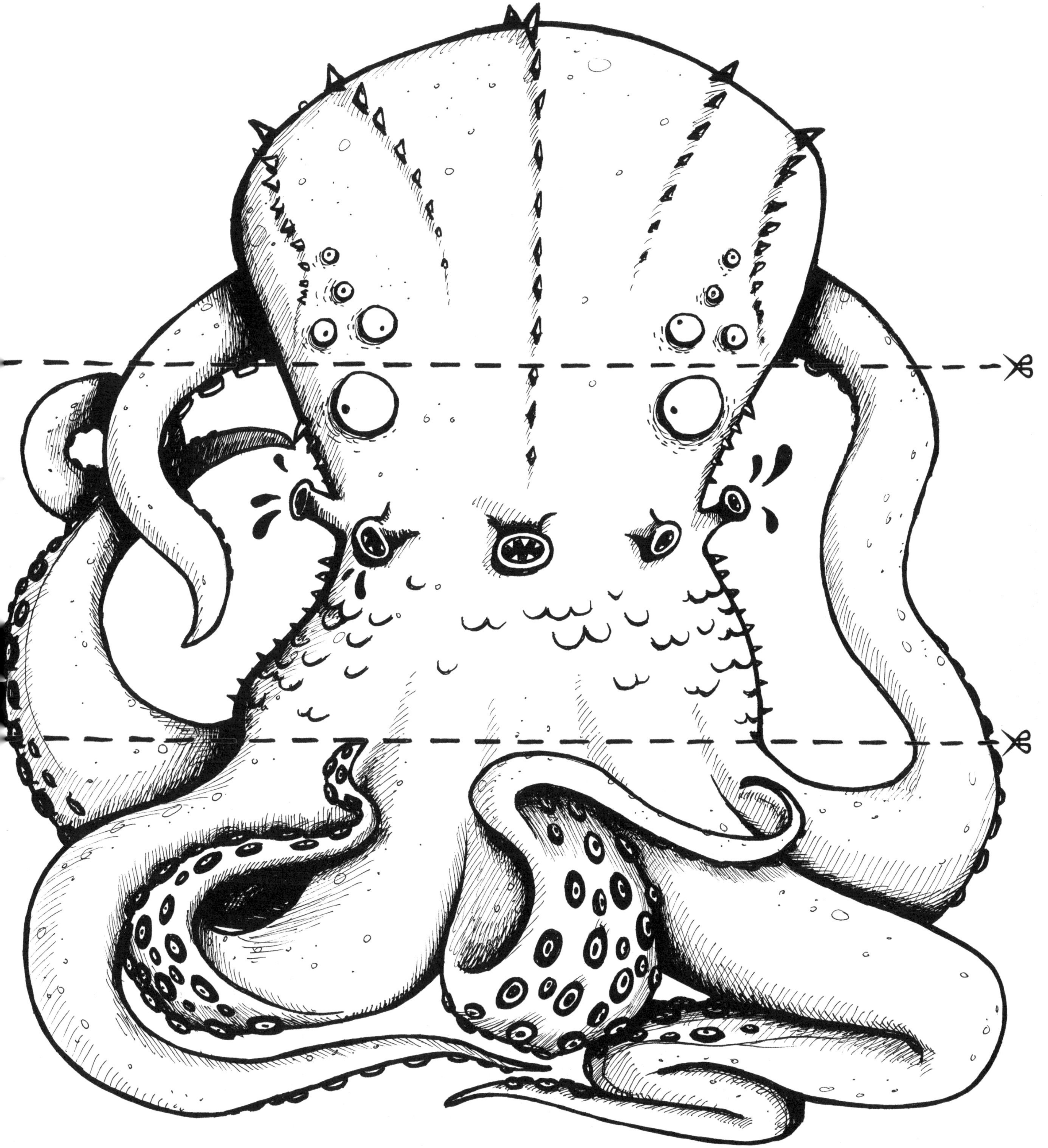

DER AUGEN-FELL-WOLF

HERHÖR OHREN →
(HÖREN JEDES ATMEN IN 1000 KM ENTFERNUNG)

LACH-PFEIL & BOGEN
(BRINGEN FURCHTBARE LACHANFÄLLE...) ↘

AUGEN STIEFEL →
(KÖNNEN IN DIE ZUKUNFT SEHEN)

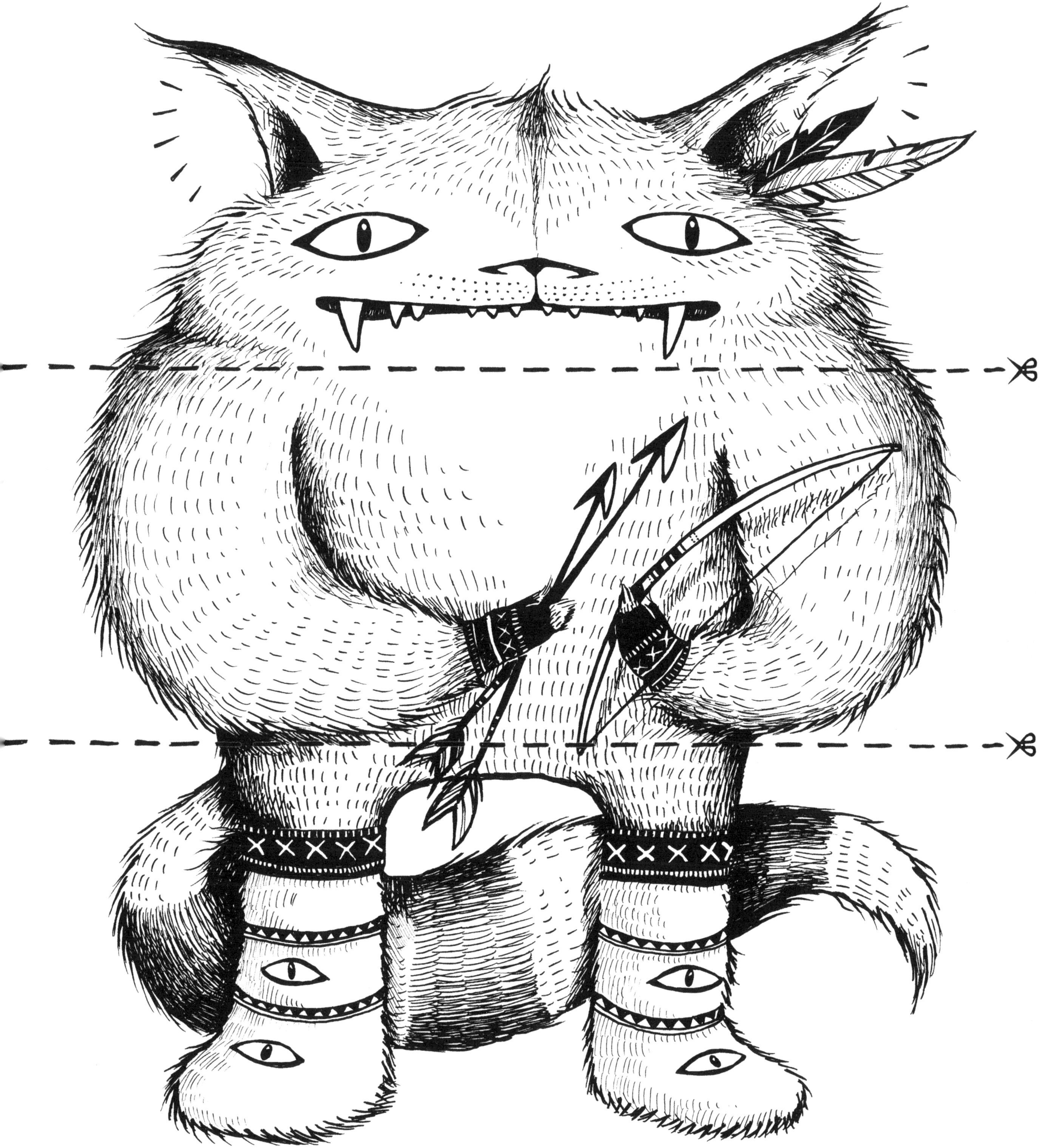

MIX DIR DEIN MONSTER

Ergänze das **MONSTER** mit den Eigenschaften daneben!

ES HAT:
VIER BUNTE OHREN UND FÜNF AUGEN!
UND KANN FEUER AUS DER NASE PUSTEN!

ES HAT:
ZWEI ARME UND HÄNDE MIT SIEBEN FINGERN DRAN!
UND EINEN GEPANZERTEN KÖRPER!

ES HAT:
VIER BEINE MIT VIER GANZ UNTERSCHIEDLICHEN FÜSSEN!

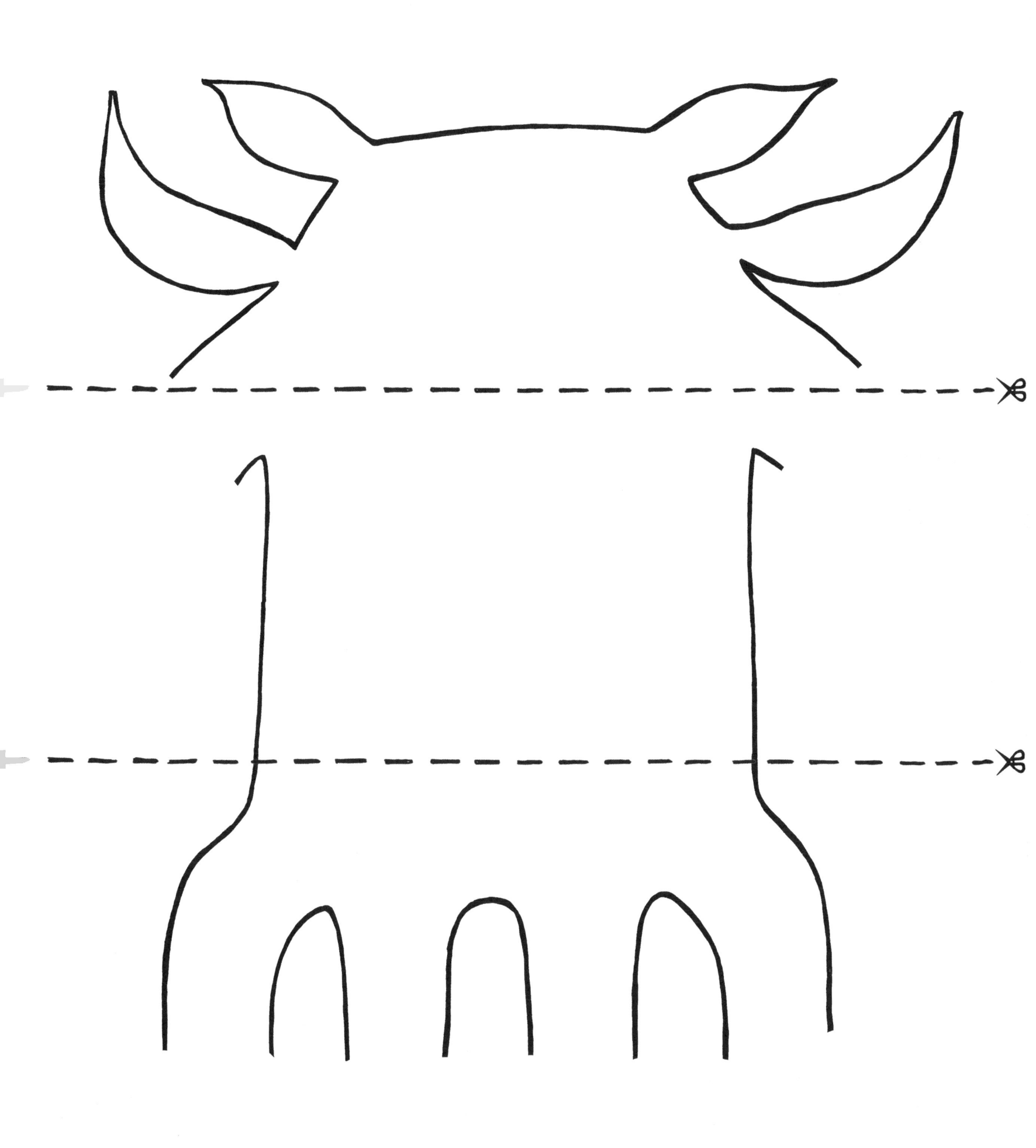

MIX DIR DEIN MONSTER

Wie sieht **DEIN** Schutzmonster aus?
Hier kannst du dir dein eigenes malen.

Was kann es? **BLITZE** oder **STINKBOMBEN** werfen?
Hat es Flügel oder Schwimmhäute?
Wie viele Köpfe und Augen hat es?

Mix Mix Mix Mix Mix Mix Mix Mix Mix Mix Mix

DAS SCHLOSS-GESPENST HAT CHAOS ANGERICHTET!

Links ist noch alles in Ordnung, rechts herrscht das Chaos! Kannst du die 13 Fehler finden? Kreise sie mit einem roten Stift ein!

Lösung auf der vorvorvorletzten Seite!

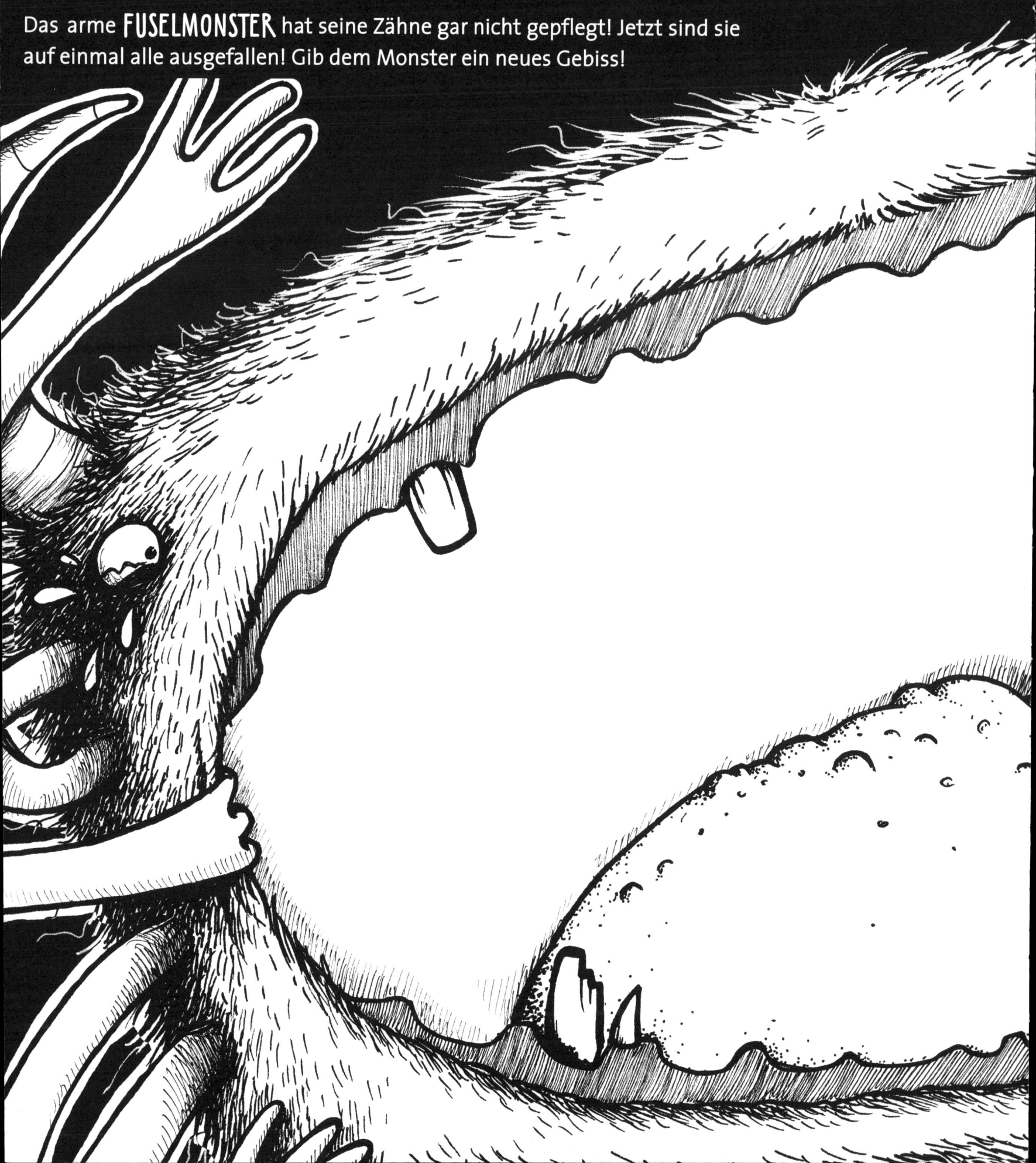

Das arme **FUSELMONSTER** hat seine Zähne gar nicht gepflegt! Jetzt sind sie auf einmal alle ausgefallen! Gib dem Monster ein neues Gebiss!

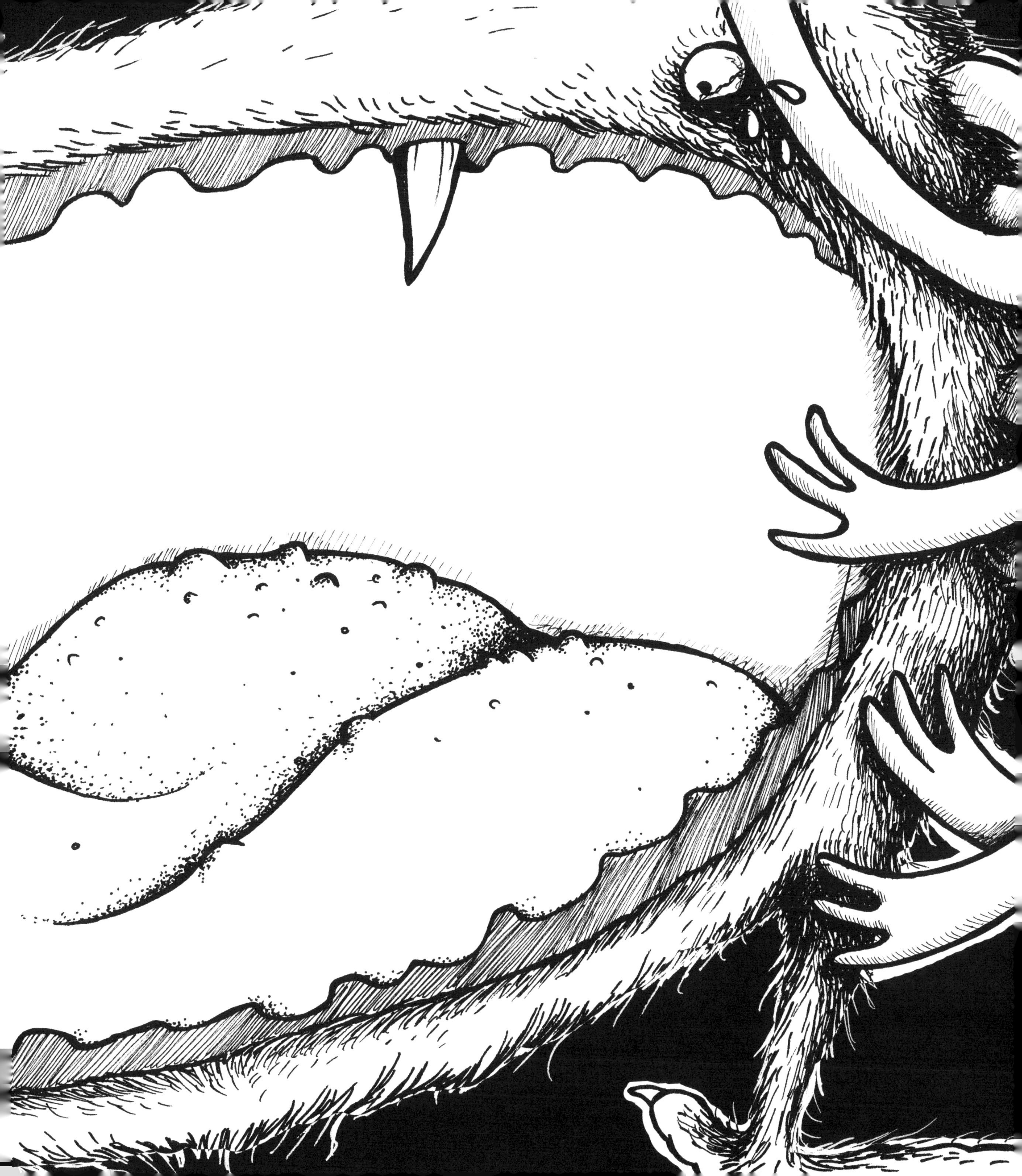

Juri ist das erste Mal **ALLEIN ZU HAUSE.** Plötzlich rumpelt es und ein fürchterliches Brüllen kommt vom Dachboden!

OH SCHRECK! Was für ein Wesen macht so gruselige Geräusche? Hoffentlich war es nur der Wind oder eine Maus …

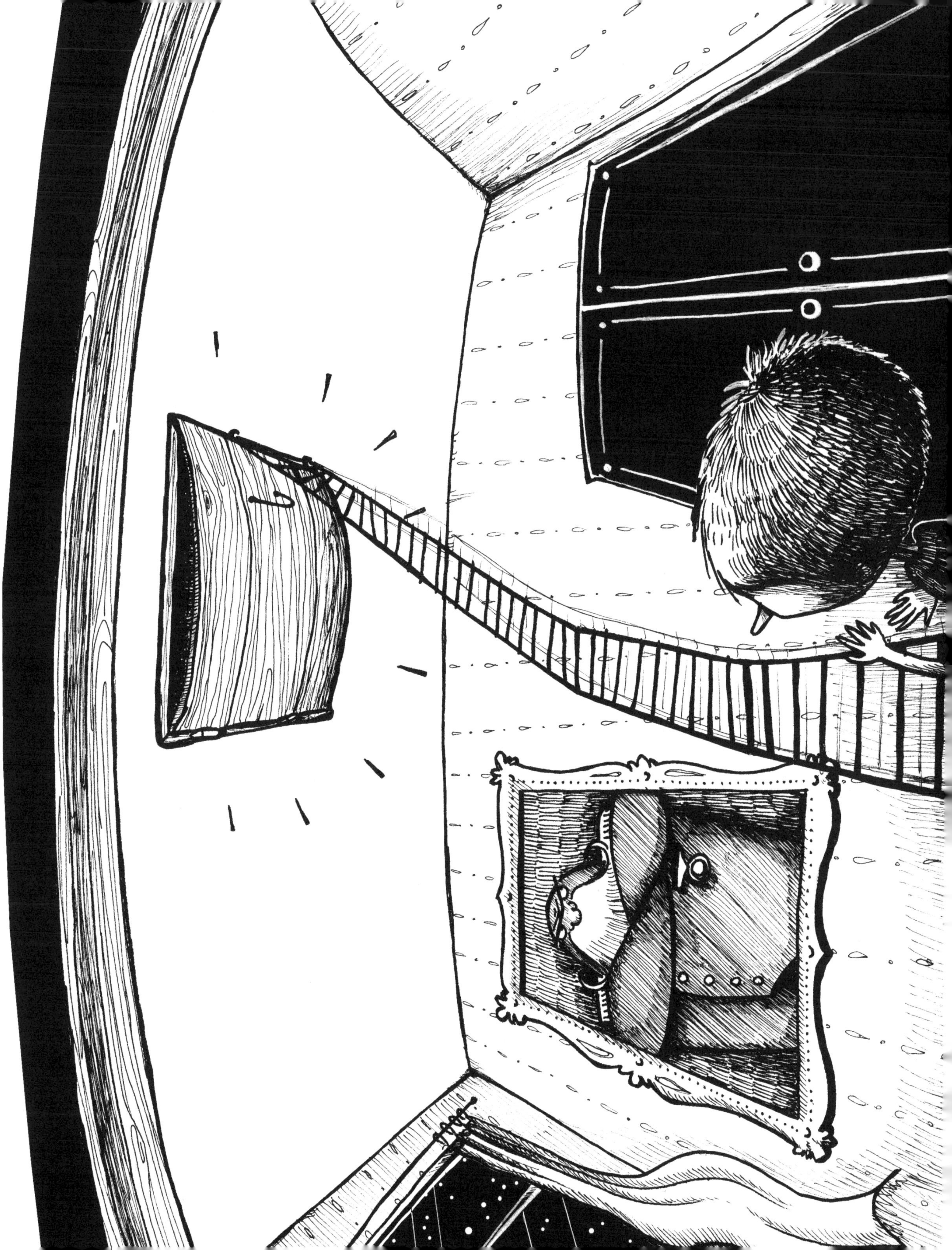

IiiiiHHHH!!

Spinnenfamilientreffen! Wer ist alles dabei?

Vivi, die Witwe

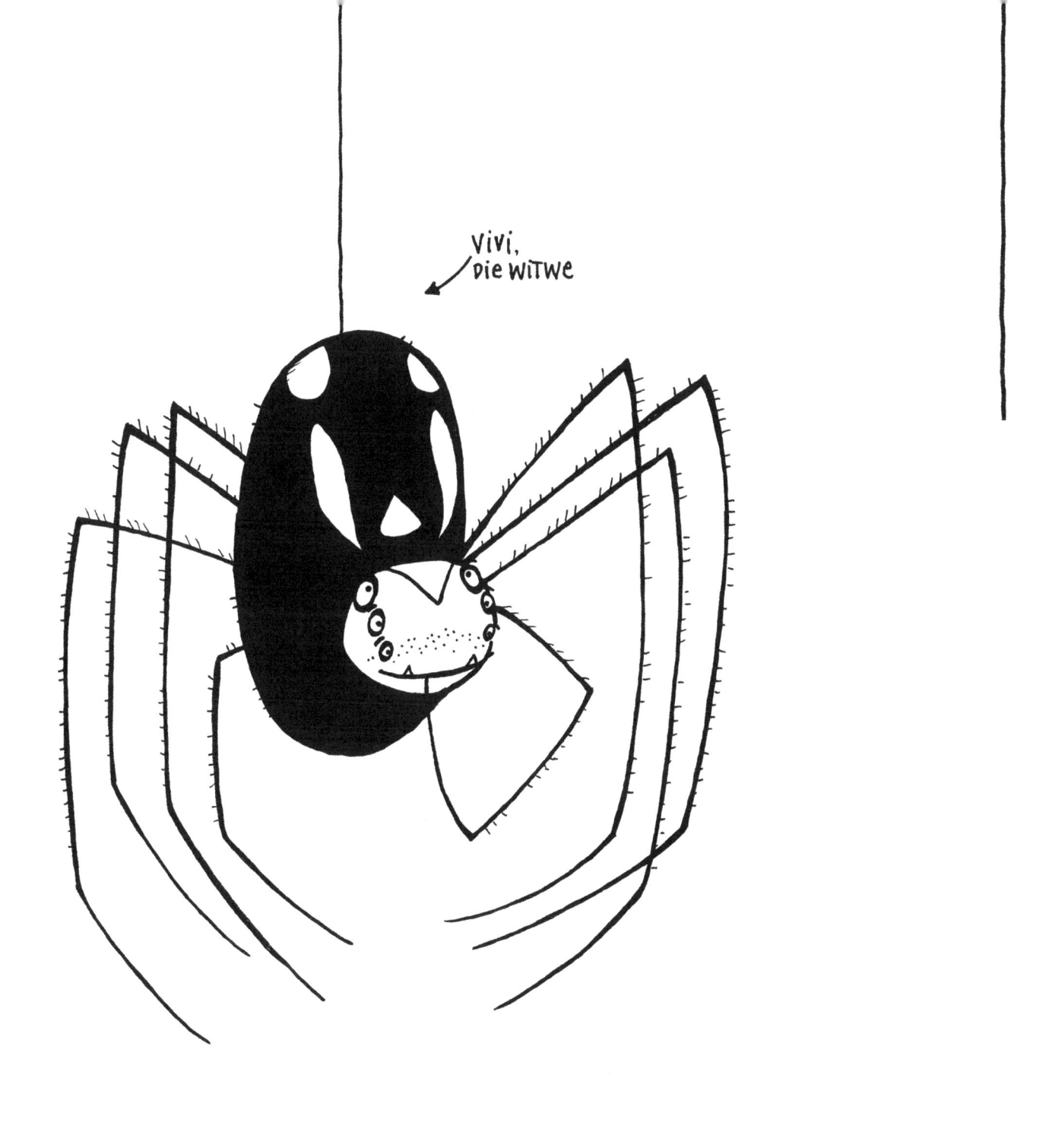

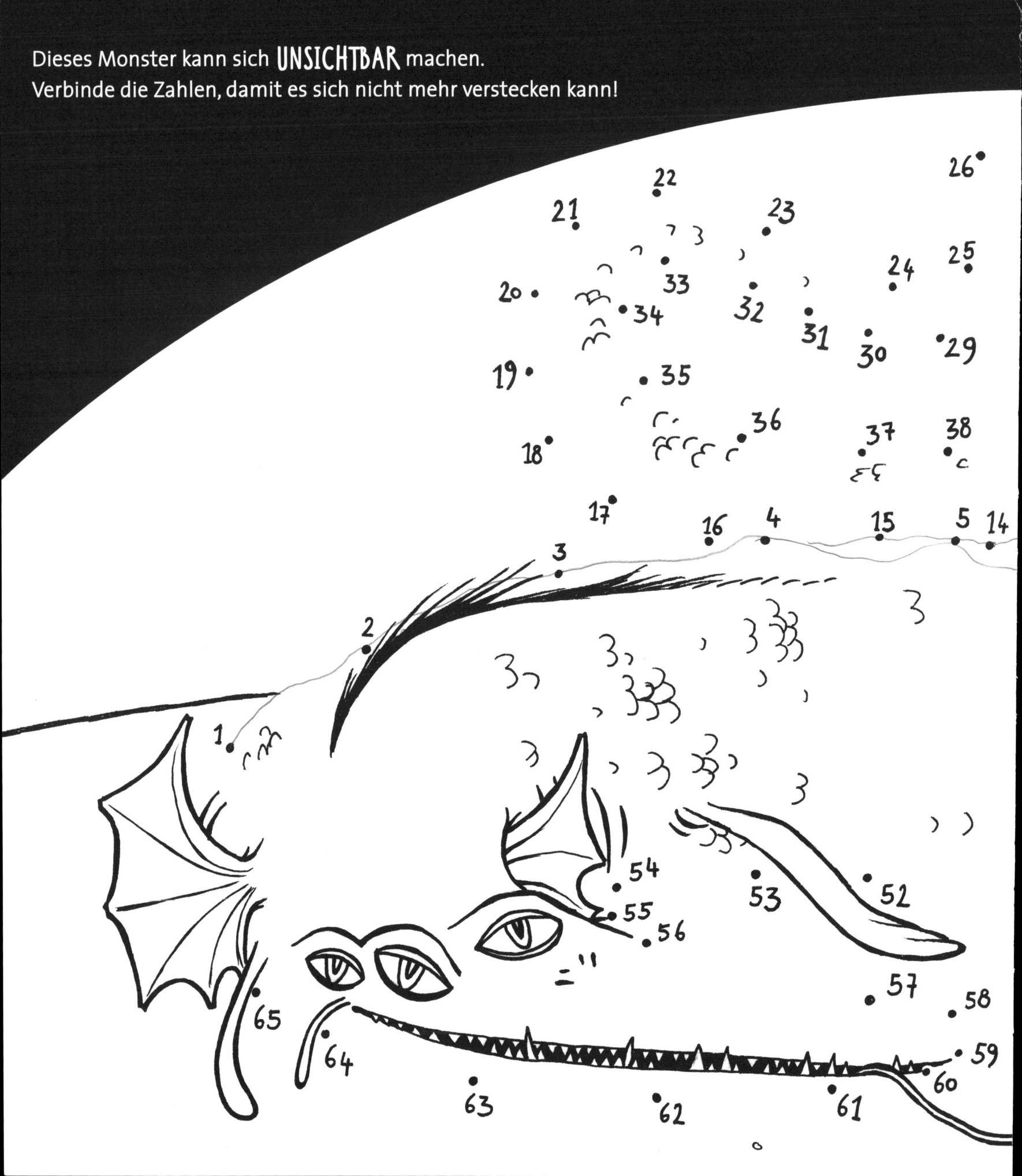

Dieses Monster kann sich **UNSICHTBAR** machen.
Verbinde die Zahlen, damit es sich nicht mehr verstecken kann!

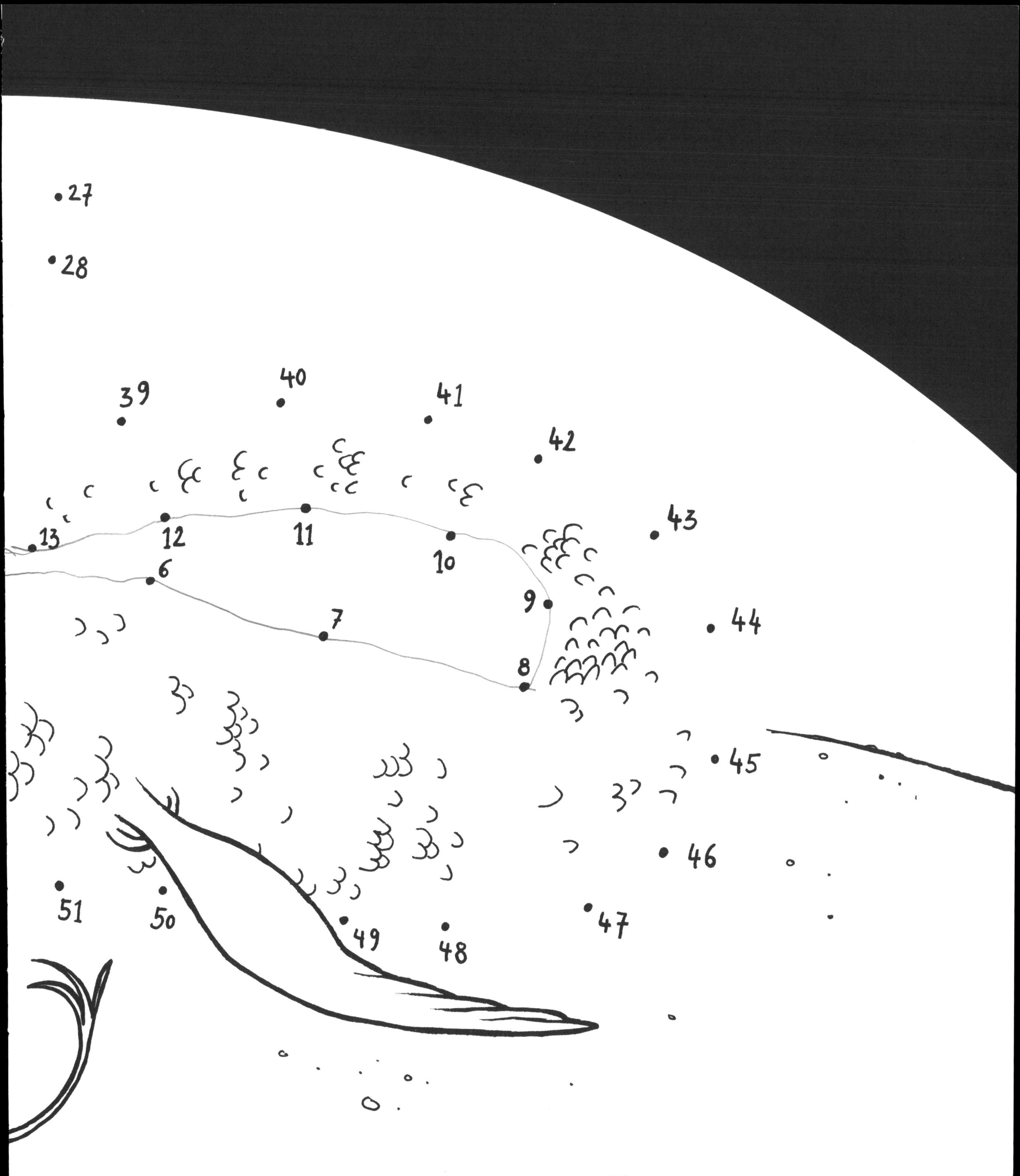
27
28
39
40
41
42
43
13
12
11
10
6
9
7
44
8
45
46
51
50
49
48
47

Wer bewacht **DEIN ZIMMER**, während du schläfst?

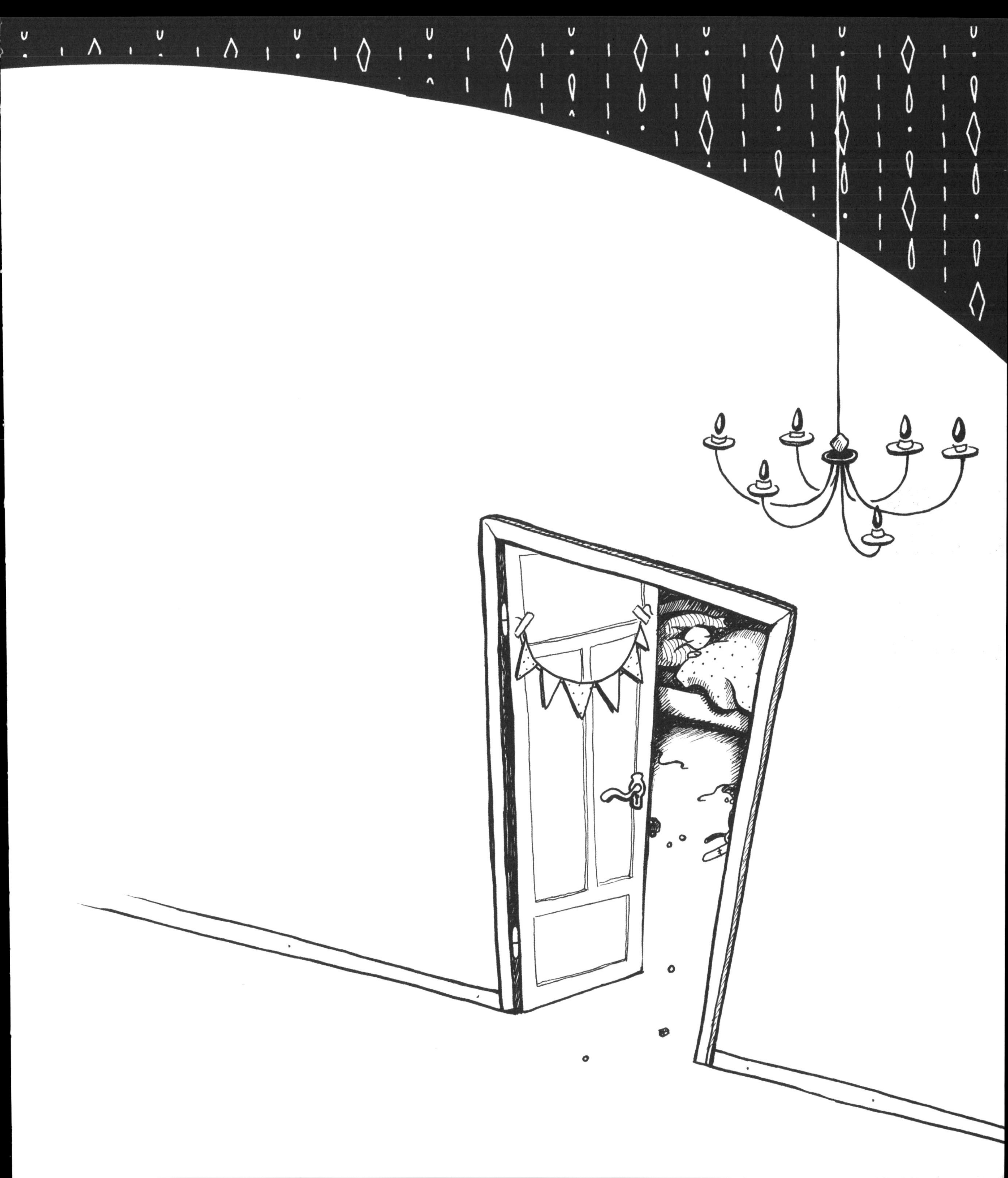

Mut-Sammel-Seite 2

PUH! GESCHAFFT!

Du hast echt einen Riesenmut! Zwei Teile des Buches hast du schon geschafft und nun den **HAIFISCHZAHN** gewonnen!

Schneide ihn ebenfalls aus und klebe ihn auf die zweite Seite neben die Bärenkralle. Eine Trophäe fehlt dir jetzt noch ...

Bevor du jedoch weitermachst, sollten wir deinen Mut noch mal extra stärken. Suche dir dazu dieses Mal ein **GRÜNES GUMMIBÄRCHEN**.

Zerkaue es zweimal links und zweimal rechts und lasse es dir auf der Zunge zergehen.

DAS GIBT EXTRA MEGA STARKEN SEEMANNSMUT!

2× LINKS
2× RECHTS
ZERKAUEN FÜR EXTRA MEGA STARKEN SEEMANNSMUT!

HaiFischzahn

Was lauert da UNTER SIMONS BETT? Spielzeug? Chaos? Oder ein Höhlenwesen?

FLEDERMAUS-HÖHLE...

DAS BRAUCHST DU:

SCHNUR

EINE SCHERE

+ EINEN ERWACHSENEN ALS BASTELHELFER

Schneide die **FLEDERMAUS** an der gestrichelten Linie aus. Dann schneidest du ein etwa 50 cm langes Stück Schnur ab und fädelst es durch die Löcher an Kopf und Schwanz (so wie links in der Zeichnung). Mache am Ende einen Knoten.

JETZT WIRD SIE FÜR DICH LEUCHTEN UND AUF DICH AUFPASSEN!

ÖSE FÜR DIE SCHNUR

ÖSE FÜR DIE SCHNUR

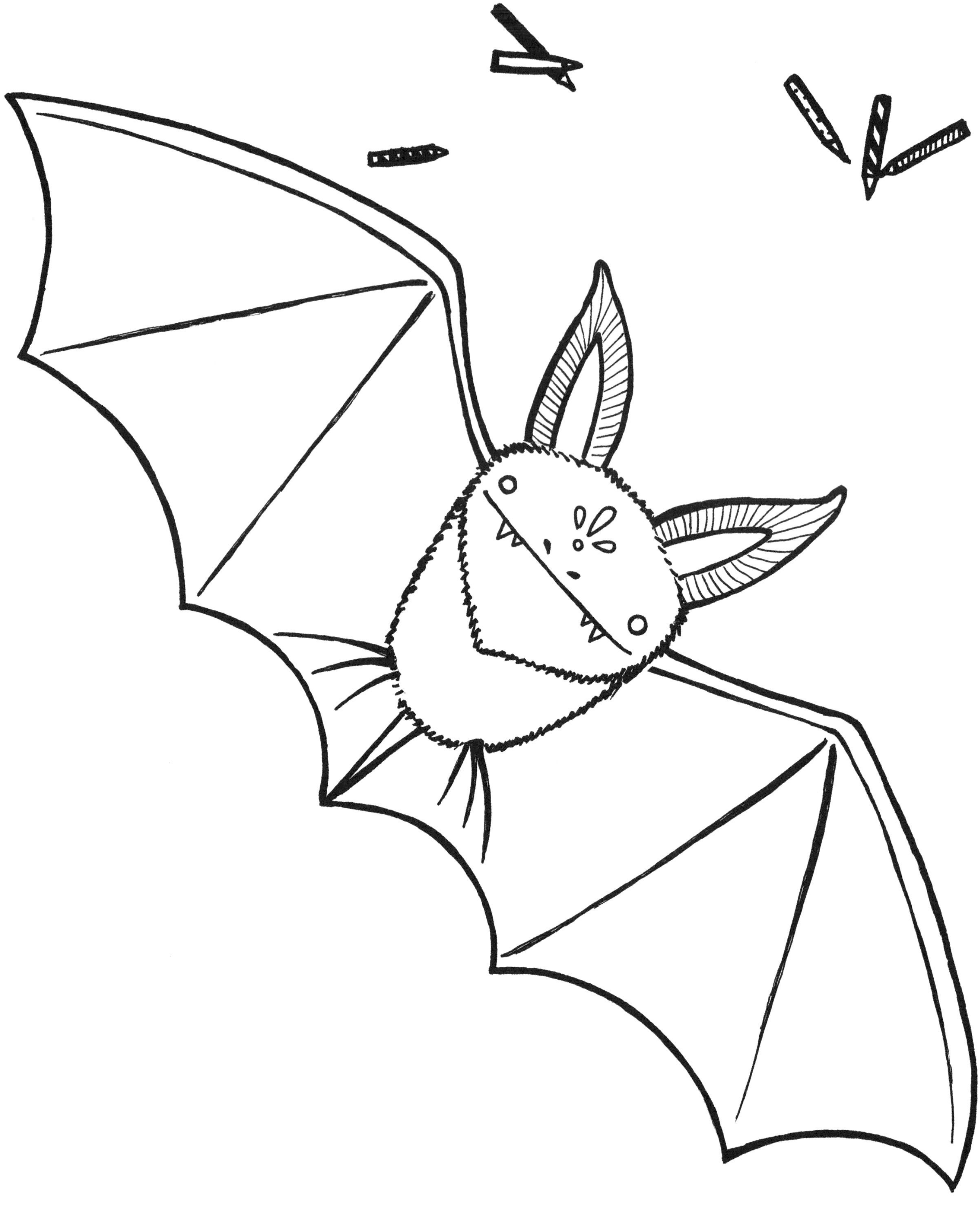

Das **BUNTE FEUERSPIEL** des Feuerspuckers...

Sockenmonster basteln

Das **SOCKENMONSTER** kann immer bei dir sein und wird nachts immer wach bleiben, um dich zu beschützen!

Das brauchst du:

- Eine bunte Socke
- Eine Schere
- Füllwatte
- Einen schwarzen Stoffmalstift
- + Einen Erwachsenen als Bastelhelfer

Schritt 1

Füll die bunte Socke zur Hälfte mit der Füllwatte.

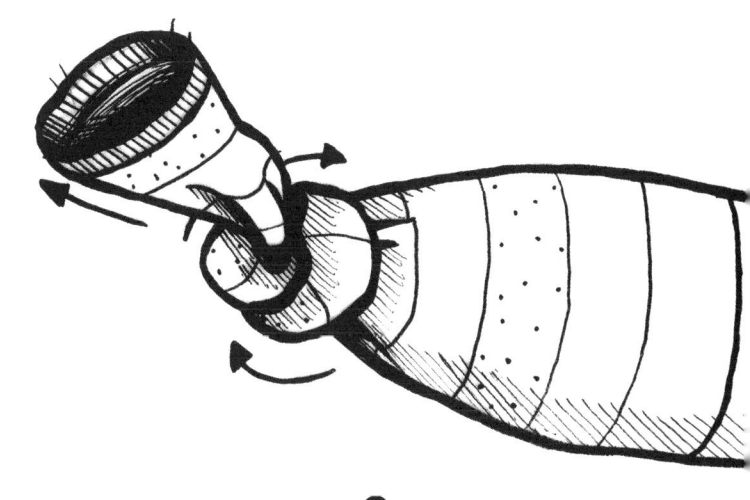

Schritt 2

Nehme das offene Ende der Socke und mache einen Knoten, so dass noch ein längerer Zipfel raushängt.

Schritt 3

Schneide den oberen Restzipfel in zwei Teile!

Schritt 4

Mit dem Stoffmalstift kannst du nun einen Mund, Zähne und so viele Augen wie du willst auf das Sockenmonster malen!

TADAAA! FERTIG!!

BUUUHH! WER VERSTECKT SICH DA IM DUNKELN?
Male die Wesen, die zu den Augen gehören!

Suche dir für diese Aufgabe einen weißen Stift oder Wachsmalkreide…

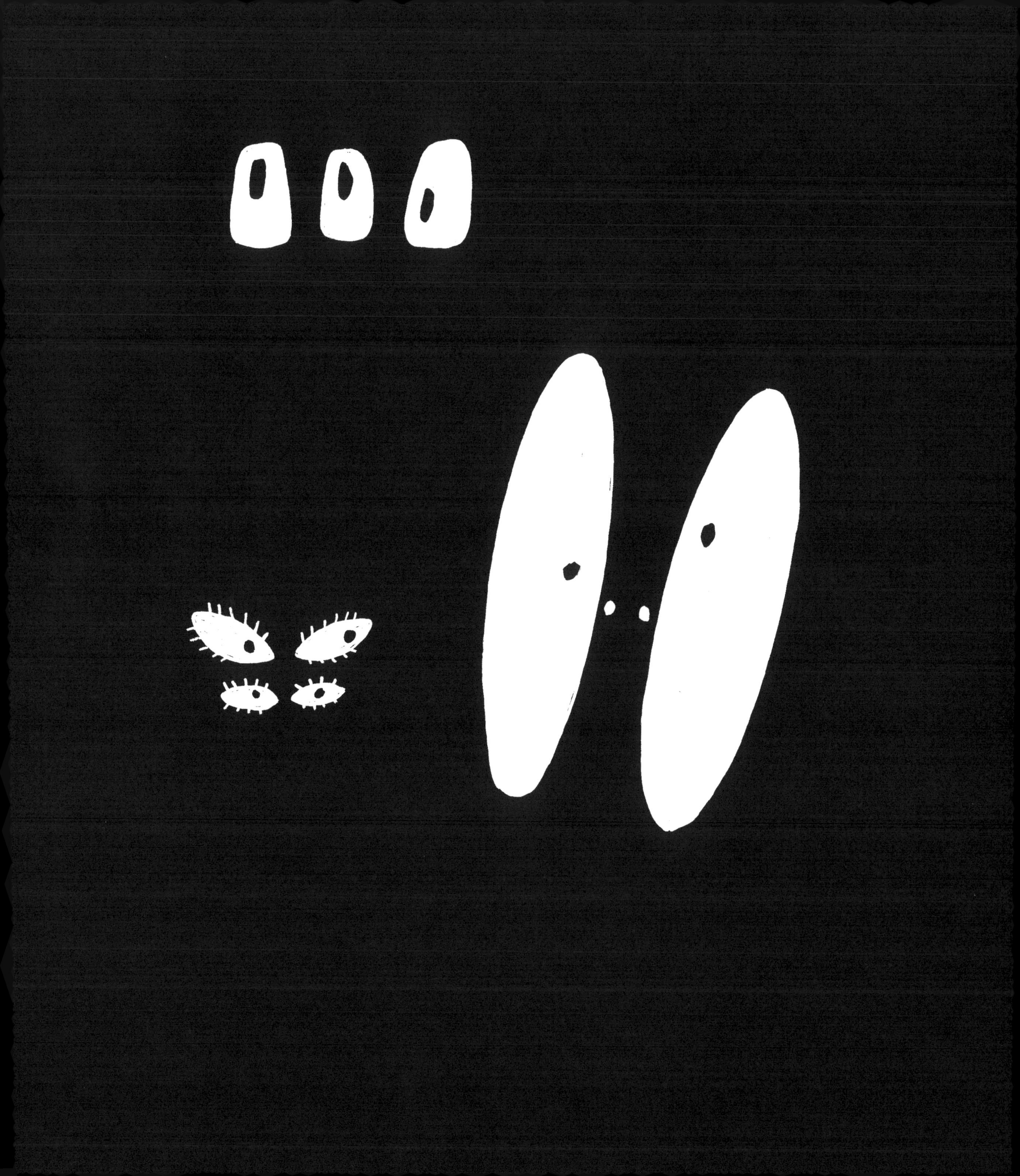

LICHT AN!

Wie sieht's wirklich aus? Kreise die Gegenstände mit einem roten Stift ein, die nun anstelle der gruseligen Augen zu sehen sind.

Lösung auf der vorvorvorletzten Seite!

Die **PIRANHAS** greifen an! Suche dir schnell verschiedene Klebebänder, Tesafilm oder Pflaster und halte sie auf, indem du ihre **MÄULER** zuklebst!

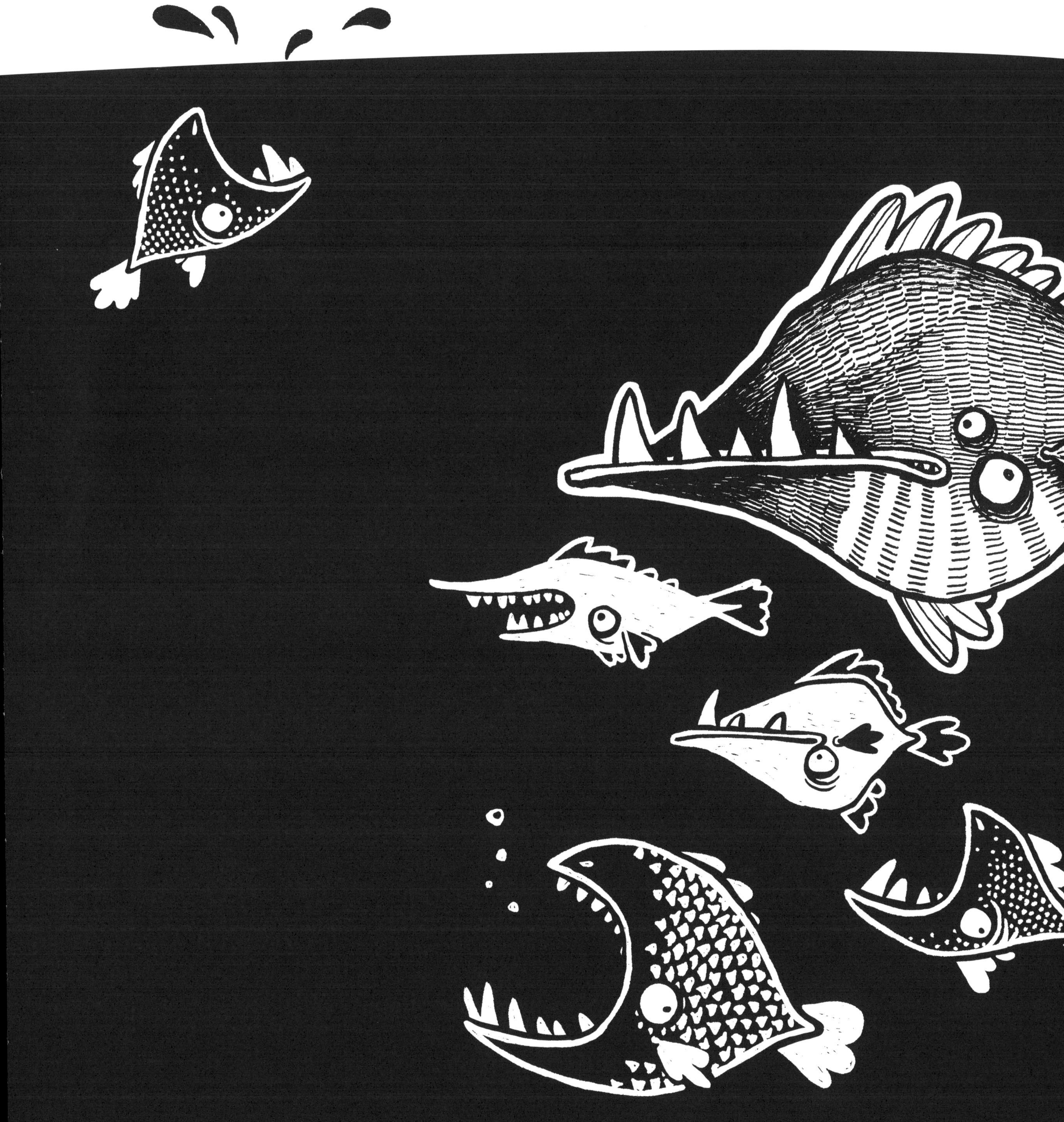

Irgendein **RIESENGROSSES WESEN** raschelt hinterm Busch, gleich springt es hervor! Fange das Tier ein, male dafür eine **FALLE!**

HHHH

Es gibt eine **GRUSELPARTY** unter der Stadt und alle sind gekommen.
Fülle den Partykeller mit ganz vielen **VERRÜCKTEN GÄSTEN!**

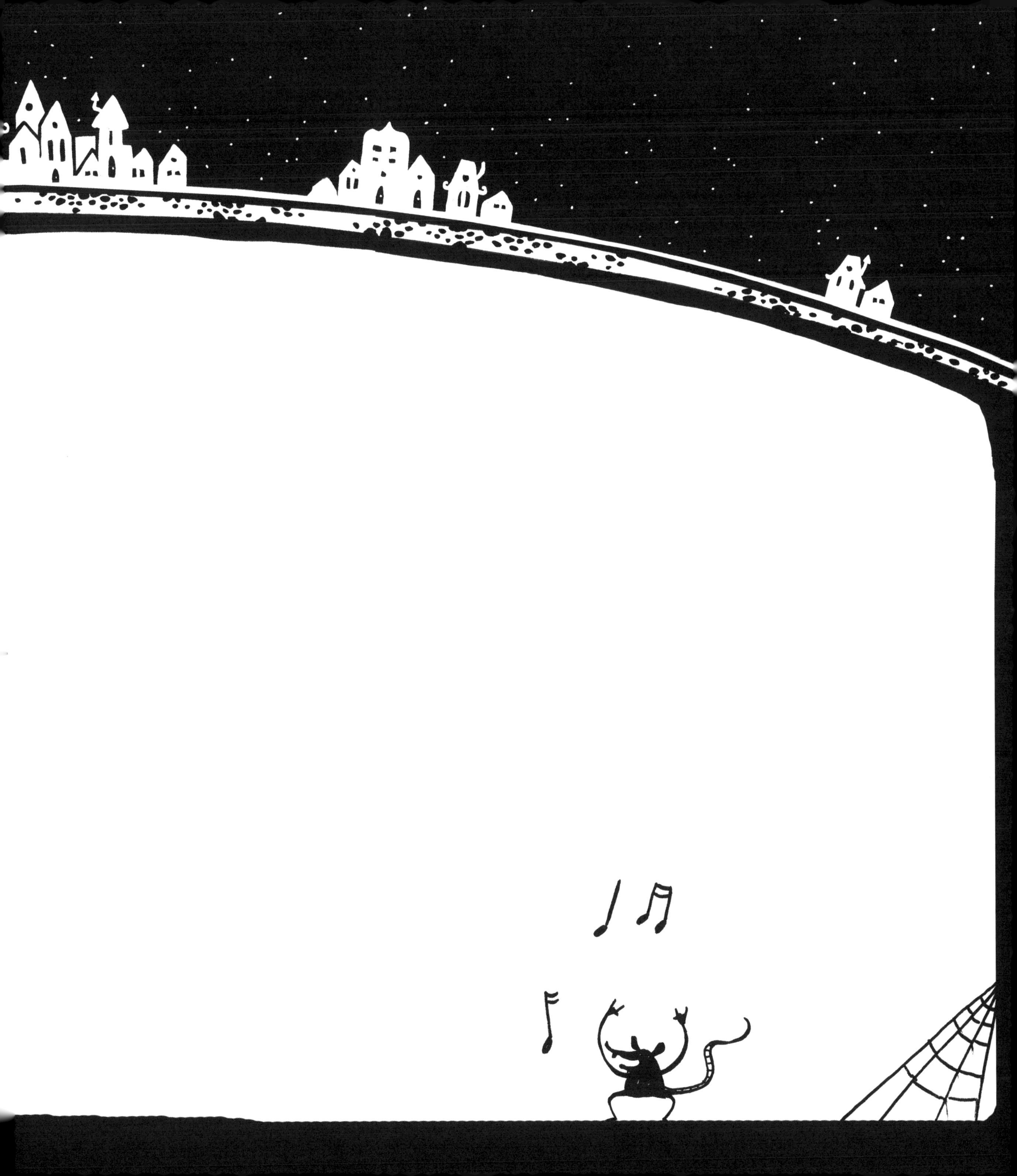

AAHH!

Diese **MUMIE** ist ja ganz nackt! Schnell, suche dir **KLOPAPIER** und klebe es auf ihren Körper!

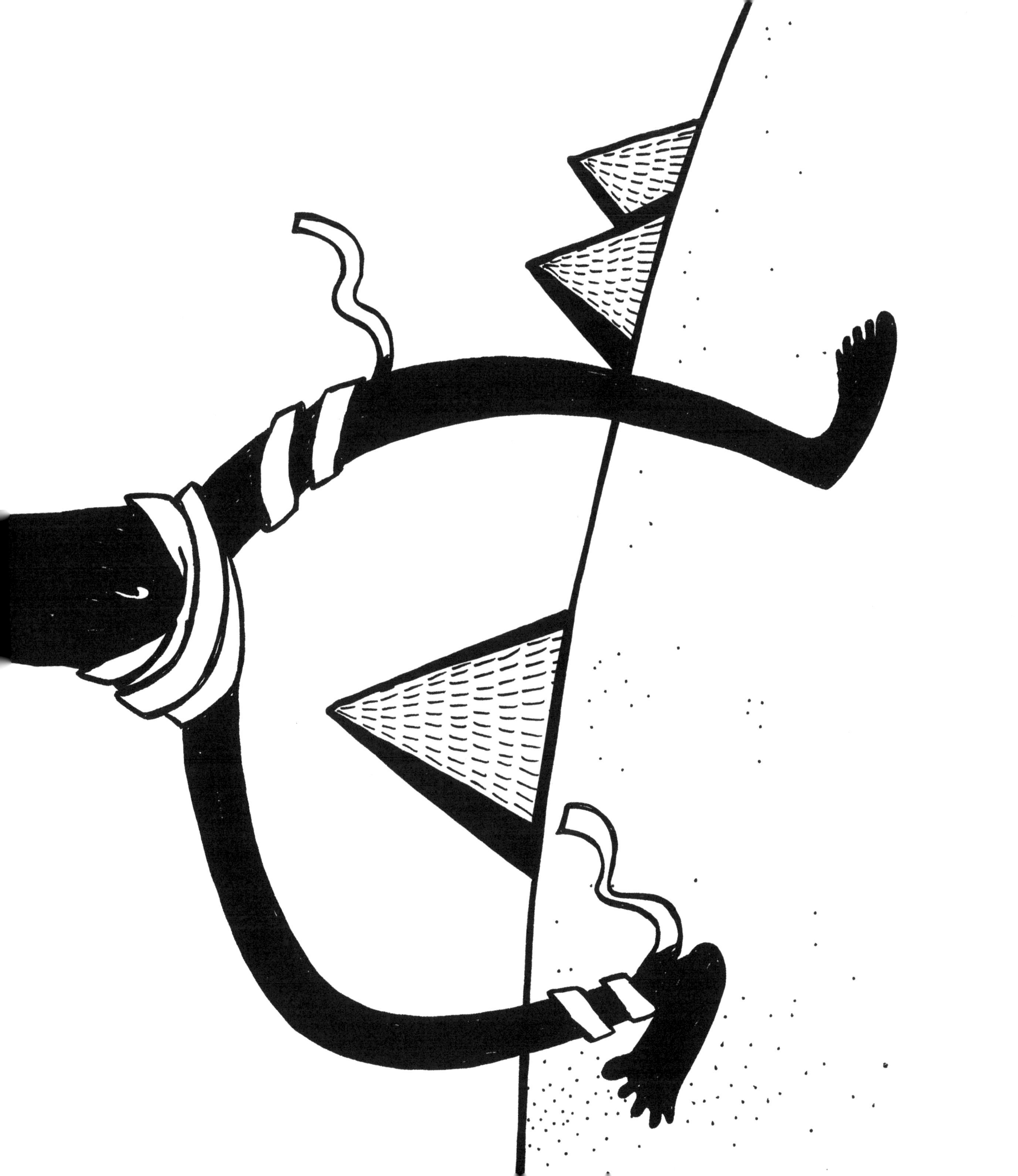

Monster-Masken-Party
Teil 2

ÖSE FÜR DAS BAND

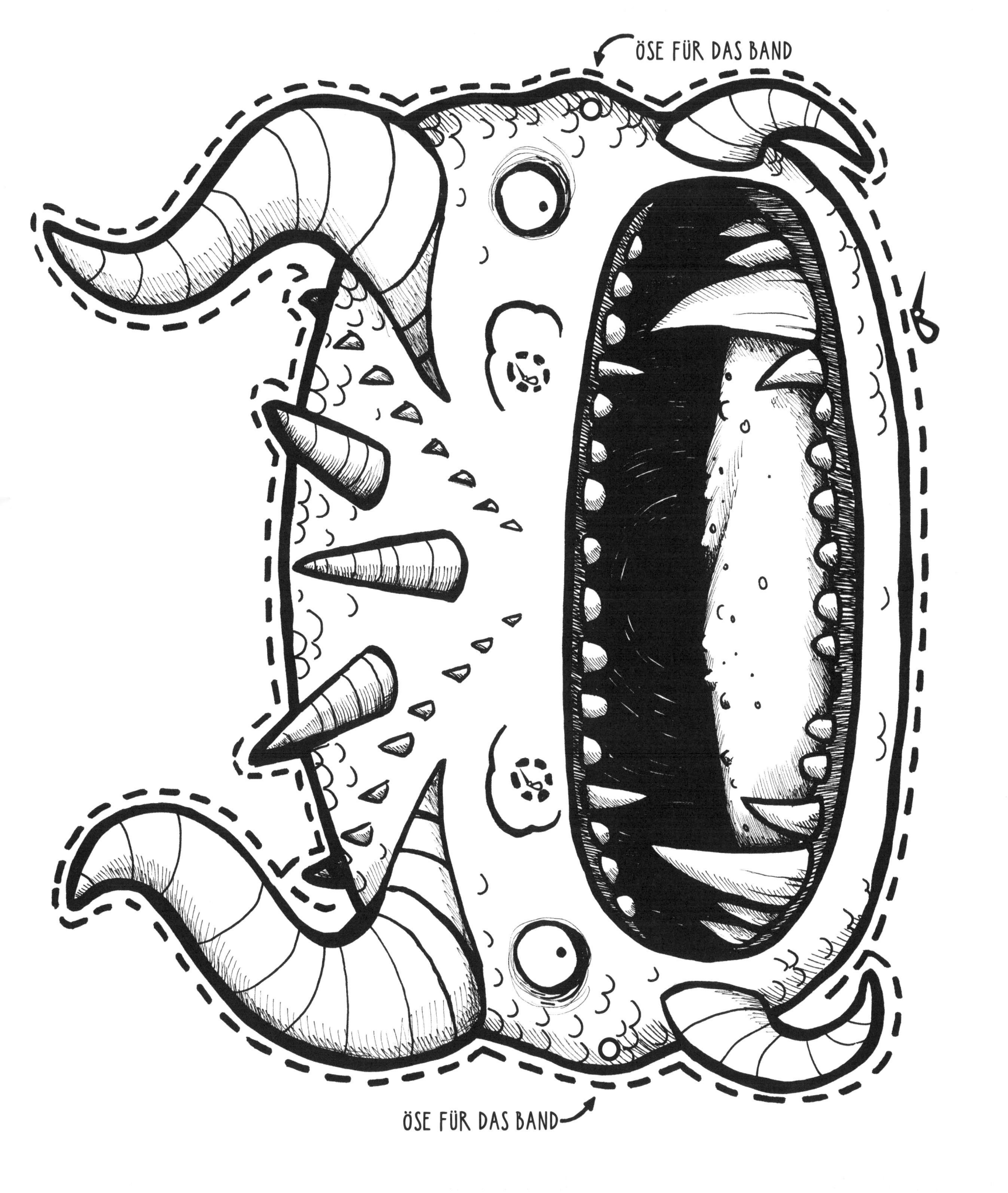

ÖSE FÜR DAS BAND

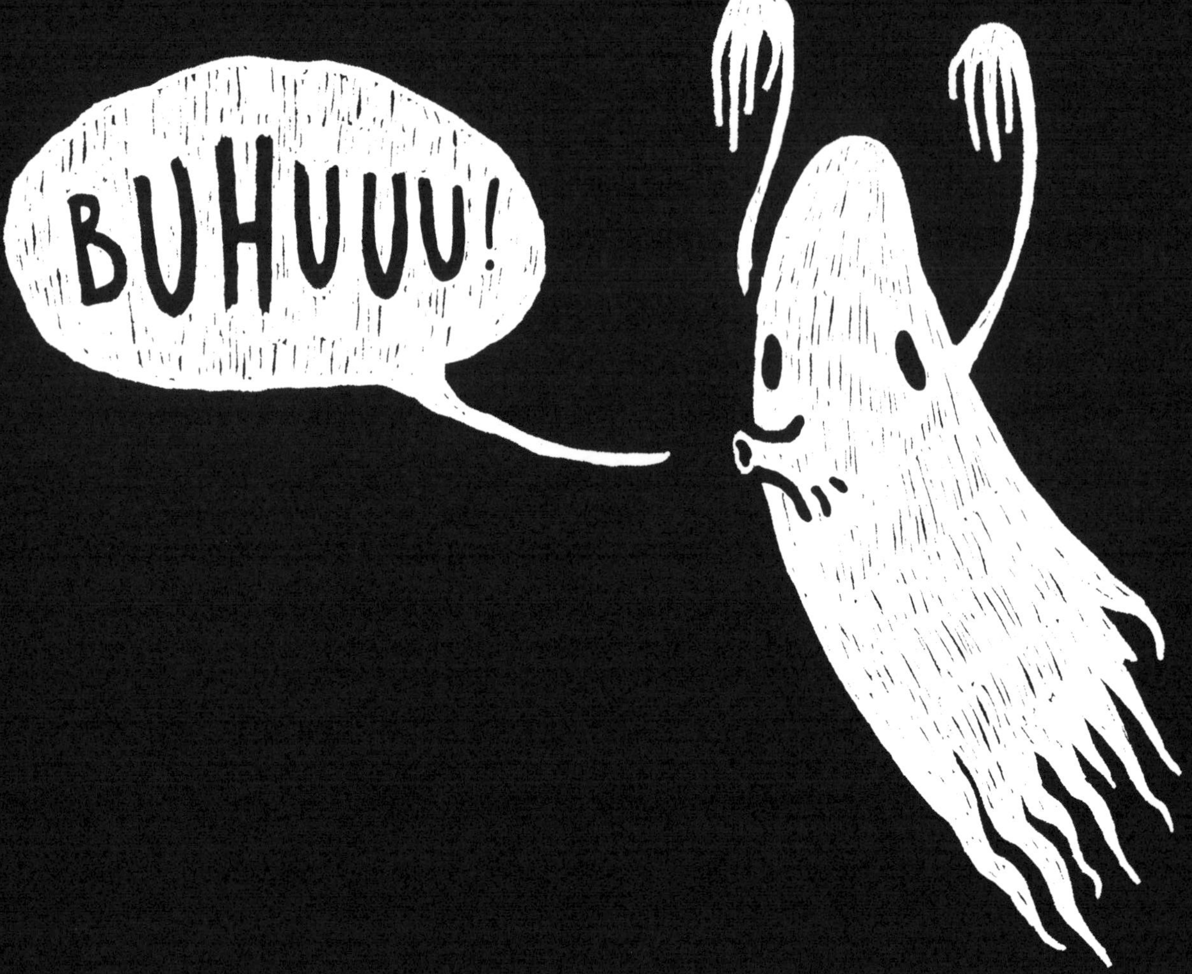
BUHUUU!

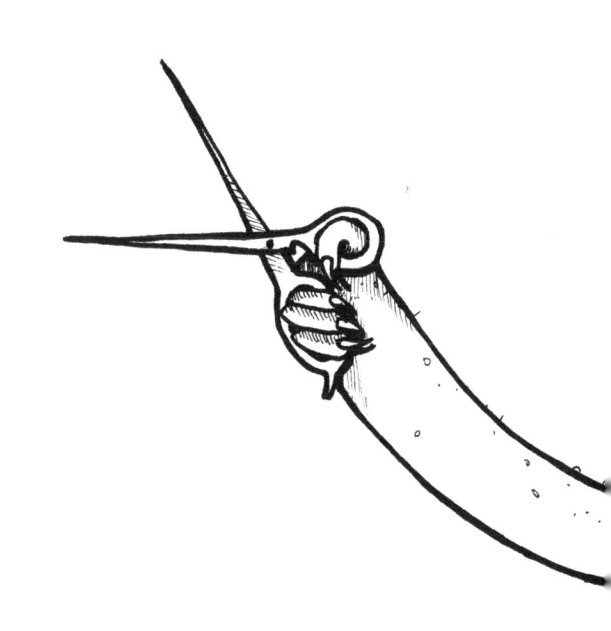

Welche **WAHNSINNS-WUSCHEL-FRISUR** hat das Monster bekommen?

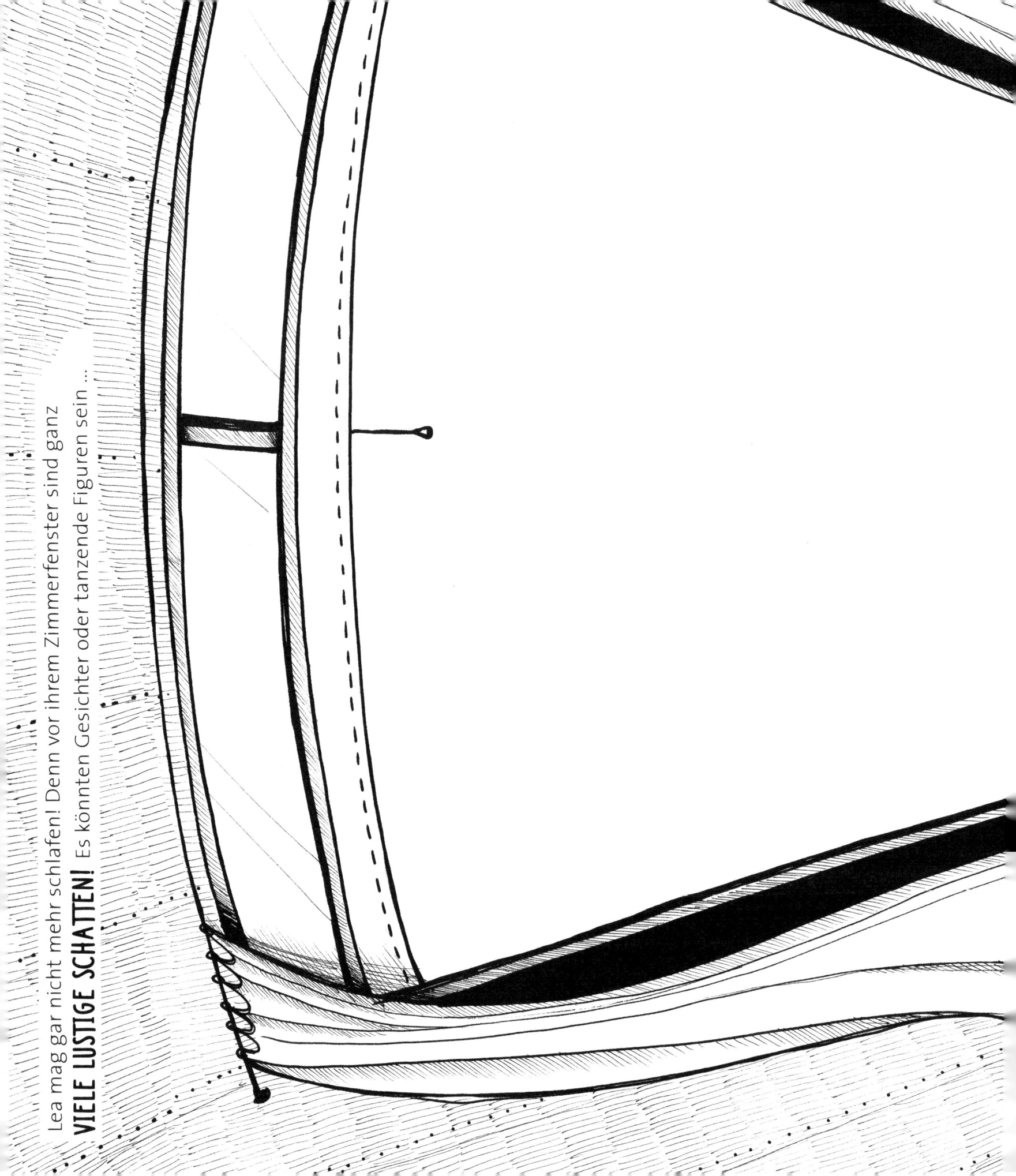

Lea mag gar nicht mehr schlafen! Denn vor ihrem Zimmerfenster sind ganz **VIELE LUSTIGE SCHATTEN!** Es könnten Gesichter oder tanzende Figuren sein …

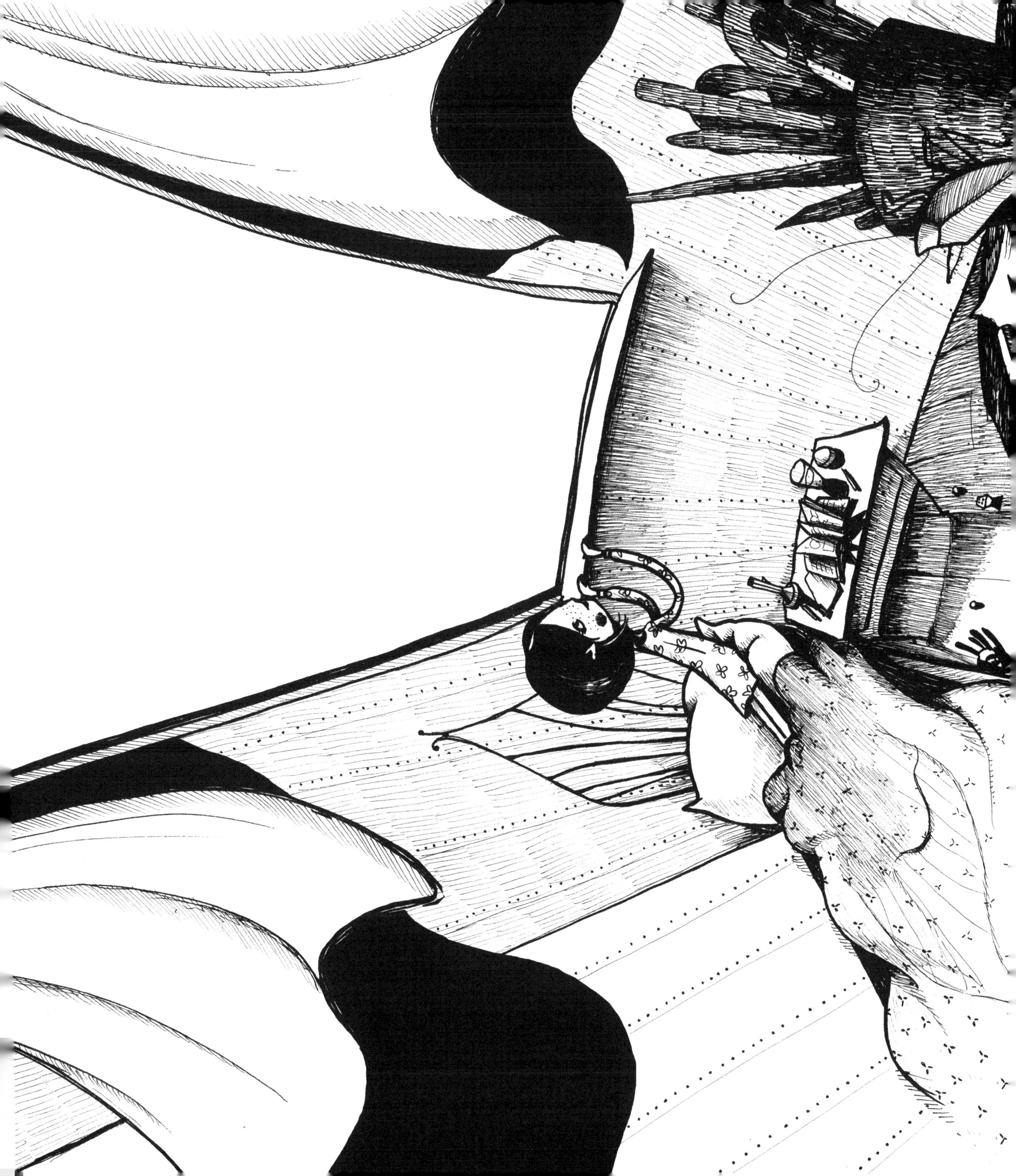

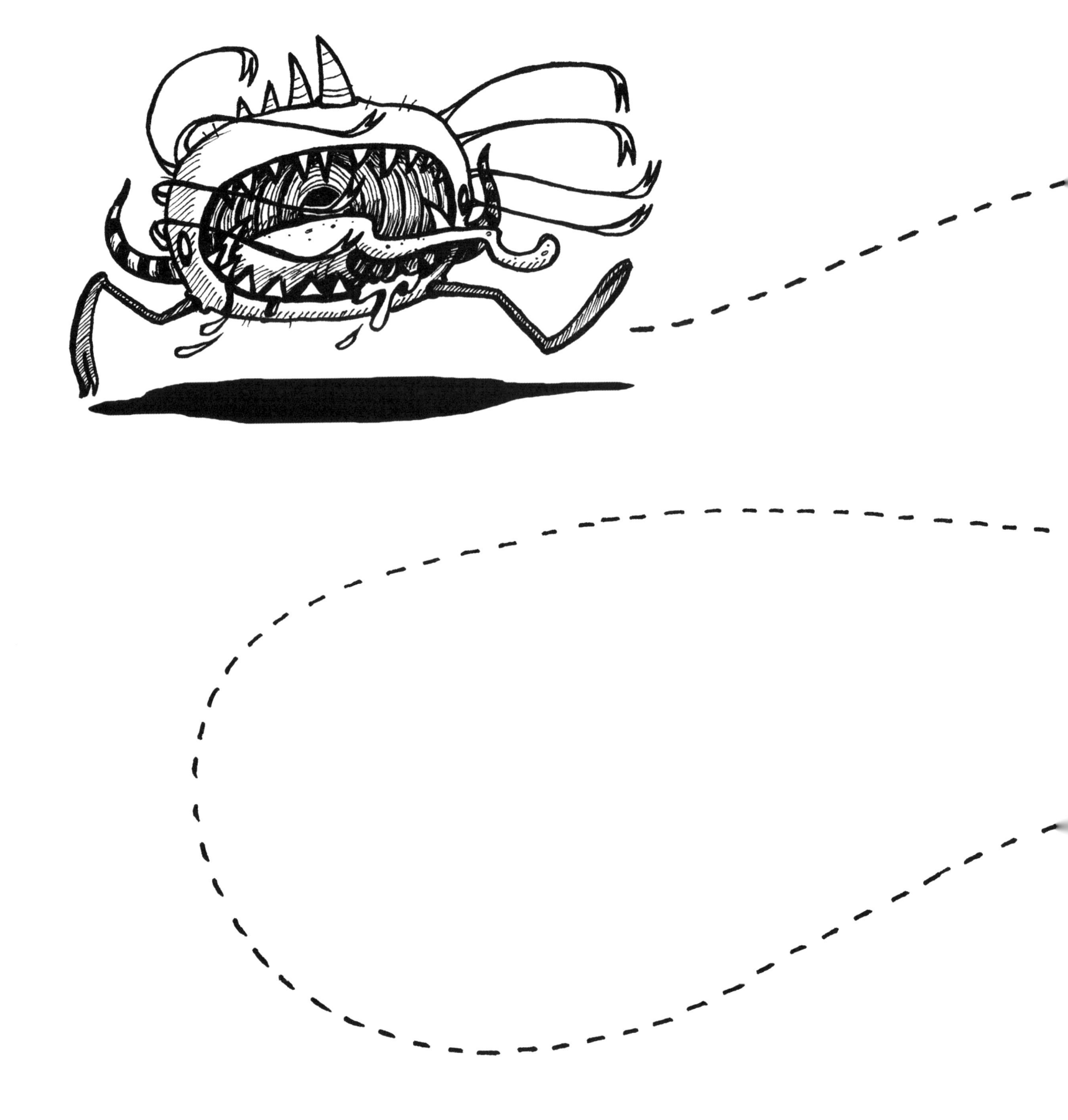

AHHH! TIM WIRD VERFOLGT ... hilf ihm und male dem Monster ganz viele Fallen und Hindernisse in den Weg. Zum Beispiel **GRUBEN, MAUERN, FEUER ...**

TIM

Als Lieschen spät in der Nacht aufwacht,
sieht der Boden plötzlich GANZ ANDERS aus!

In was hat sich der Boden VERWANDELT? In Lava?
Wuselnde Käfer? Oder Zuckerwatte?

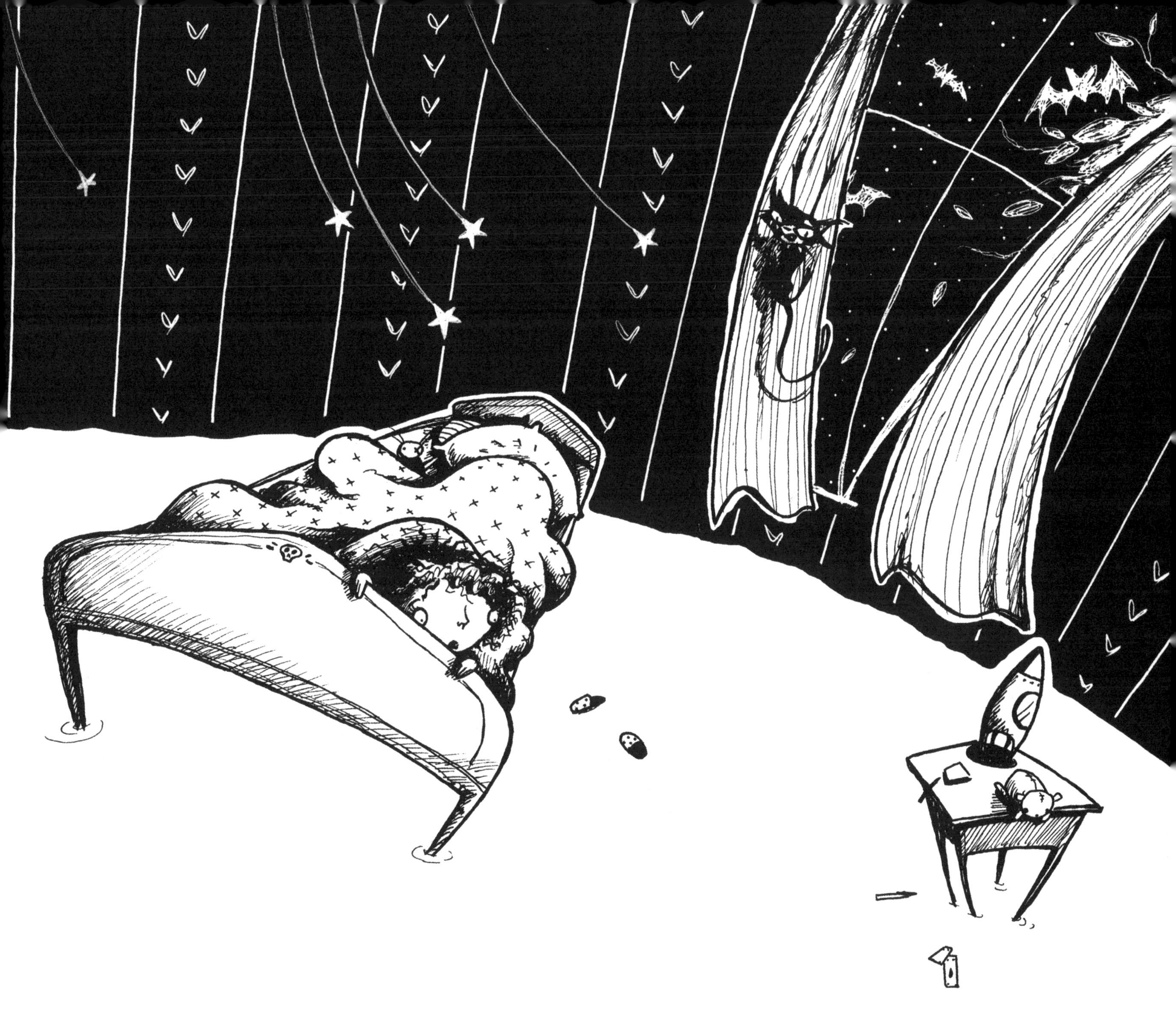

Mut-Sammel-Seite 3

PUH! GESCHAFFT!

Du hast echt supermegagroßen Mut! Drei Teile des Buches hast du schon geschafft und nun das MONSTERHORN gewonnen!

Schneide es ebenfalls aus und klebe es auf die zweite Seite neben die anderen Trophäen.

Bevor du jedoch weitermachst, solltest du deinen Mut wieder etwas stärken! Hol dir dazu diesmal ZWEI ROTE GUMMIBÄRCHEN.

Nimm eins in die rechte Backe und das andere in die linke. Schließe die Augen und mach den Mut-Zauber…

NA? SPÜRST DU DEN DOPPELTEN MONSTERMUT SCHON?

ZWEI GUMMIBÄRCHEN FÜR DOPPELTEN **MONSTERMUT**...

MONSTERHORN →

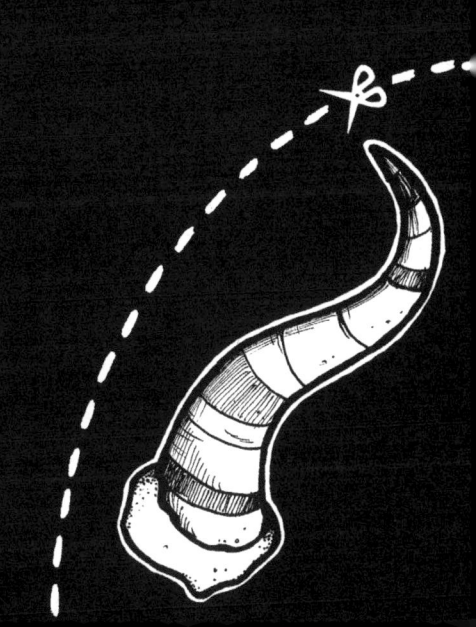

Ein **KOMISCHES GERÄUSCH** kam aus dem Keller! Oh je! **WAS WAR DAS?**
Lauert da etwas unter der Kellertreppe oder war es nur die Katze, die ein paar Kisten und Gartengeräte umgeworfen hat?

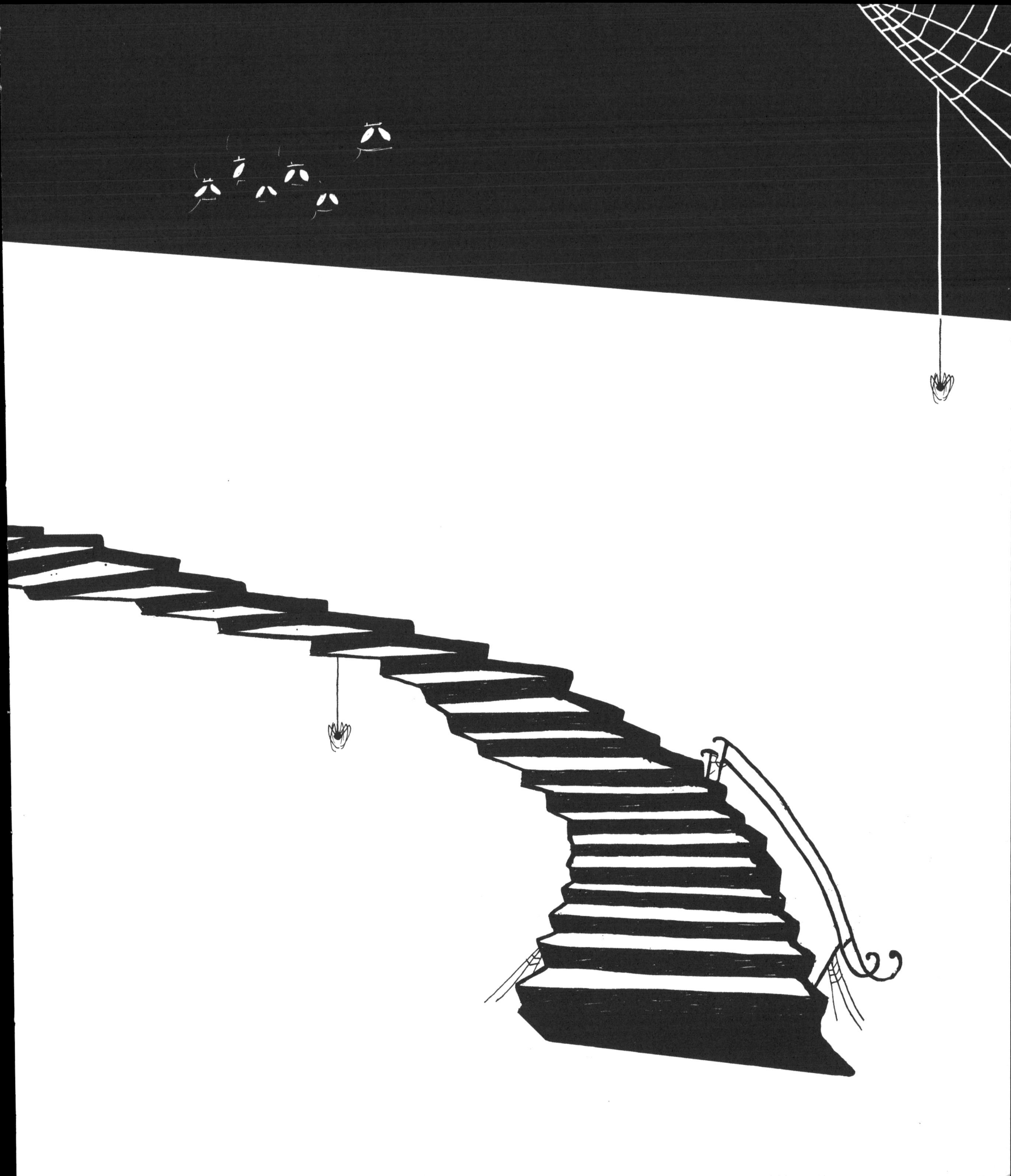

Besiege dieses **MONSTER**, indem du es ganz bunt malst und ihm **LUSTIGE DINGE** anziehst ...

Zum Beispiel Rollschuhe, eine komische Mütze oder eine Brille!
Was hat es für einen lustigen Schwanz und komische Hände?

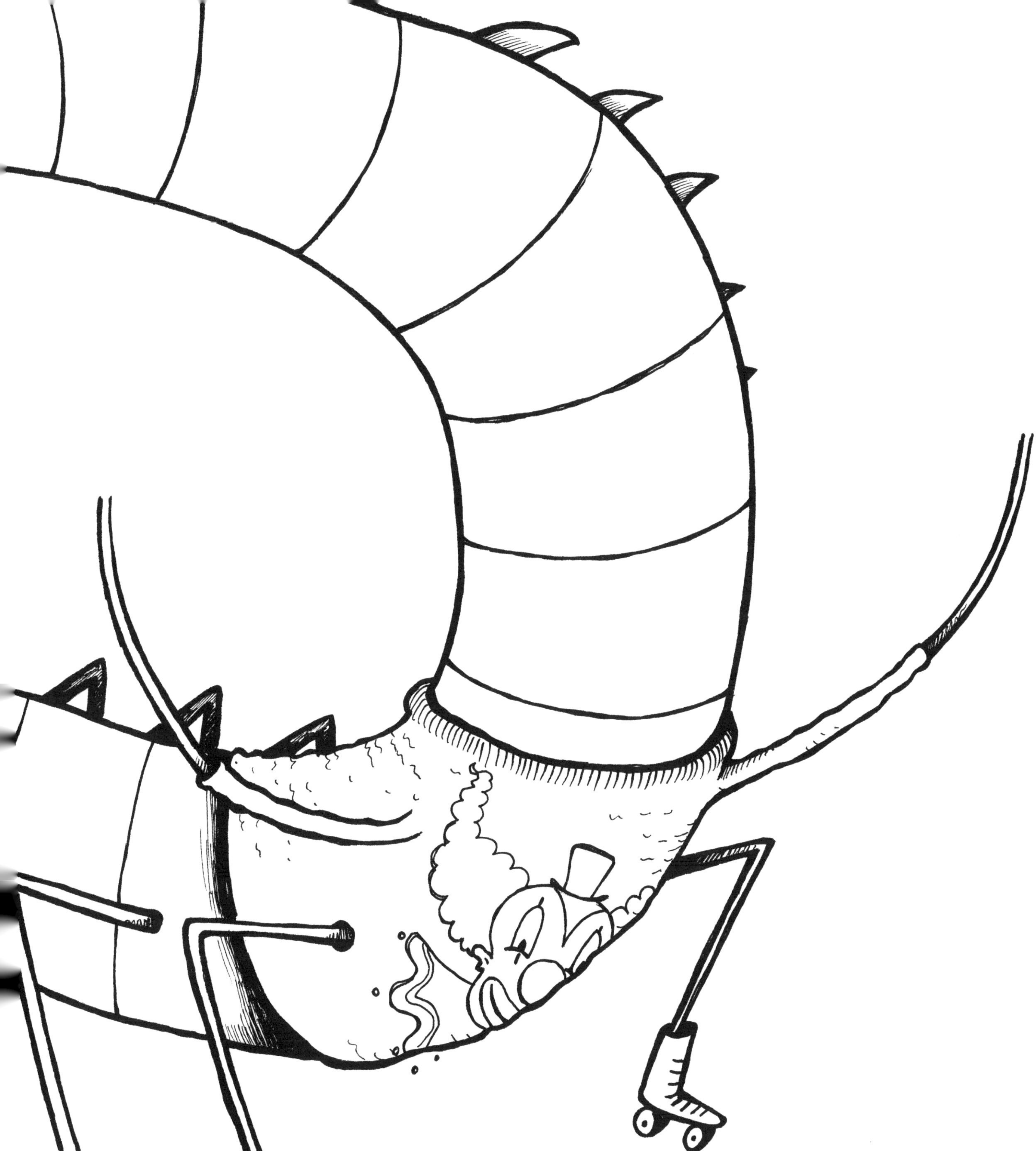

Der **DÜSTERWALD** ist ja **SOOO SCHAURIG** ... Quatsch!
Knülle viele kleine Knödel aus buntem Papier und klebe sie auf die Bäume!
So entsteht ein bunter fröhlicher **KNÜDDELWALD**.

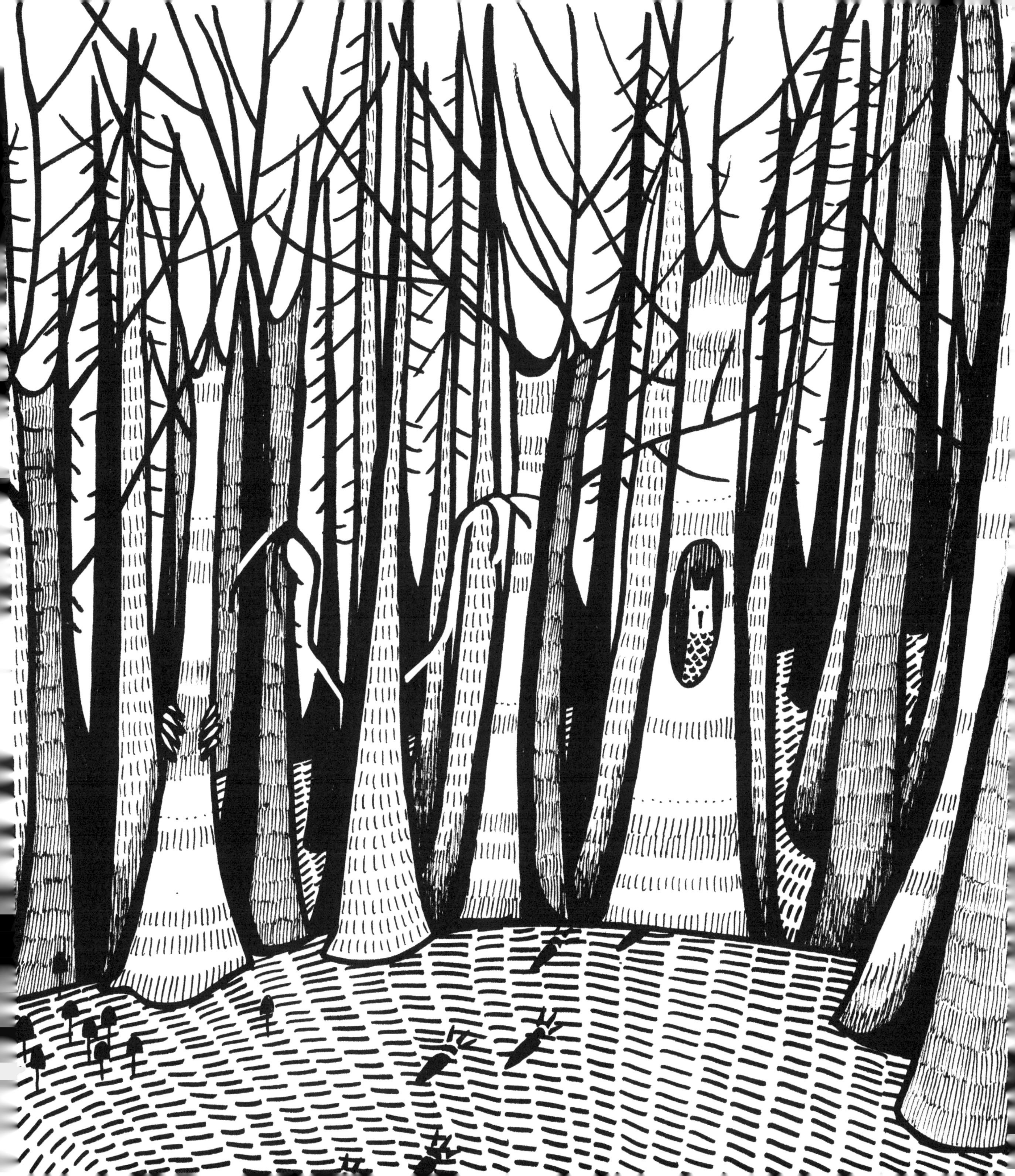

Wie sieht das **MATSCHMONSTER** aus, wenn du es sauber putzt? Hat es Haare oder viele Ohren? Welche Füße und Hände kommen zum Vorschein?

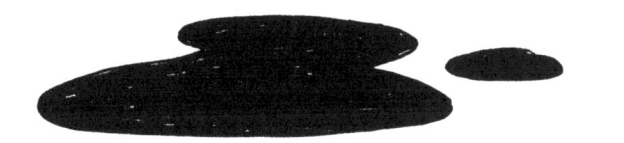

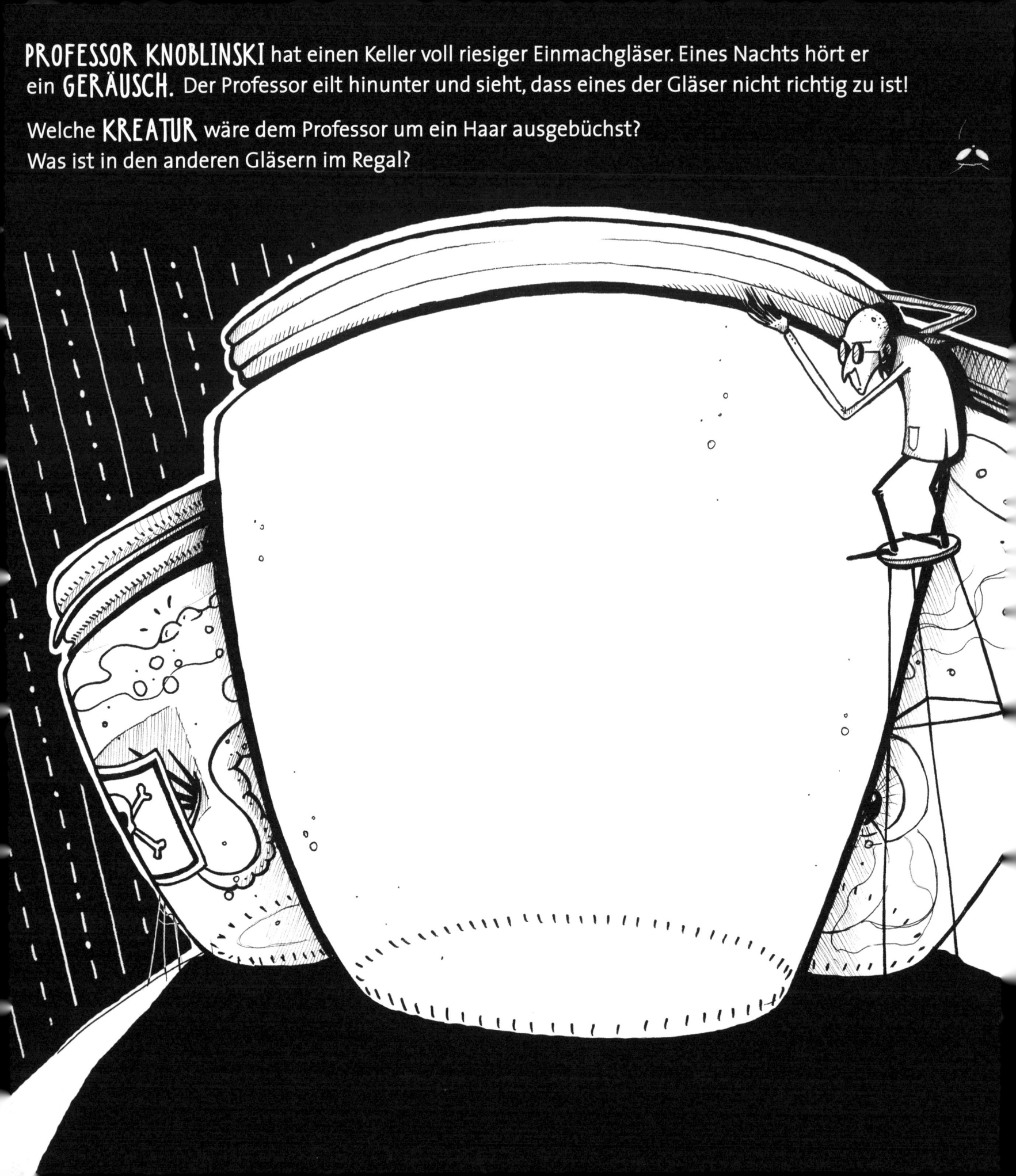

PROFESSOR KNOBLINSKI hat einen Keller voll riesiger Einmachgläser. Eines Nachts hört er ein **GERÄUSCH.** Der Professor eilt hinunter und sieht, dass eines der Gläser nicht richtig zu ist!

Welche **KREATUR** wäre dem Professor um ein Haar ausgebüchst?
Was ist in den anderen Gläsern im Regal?

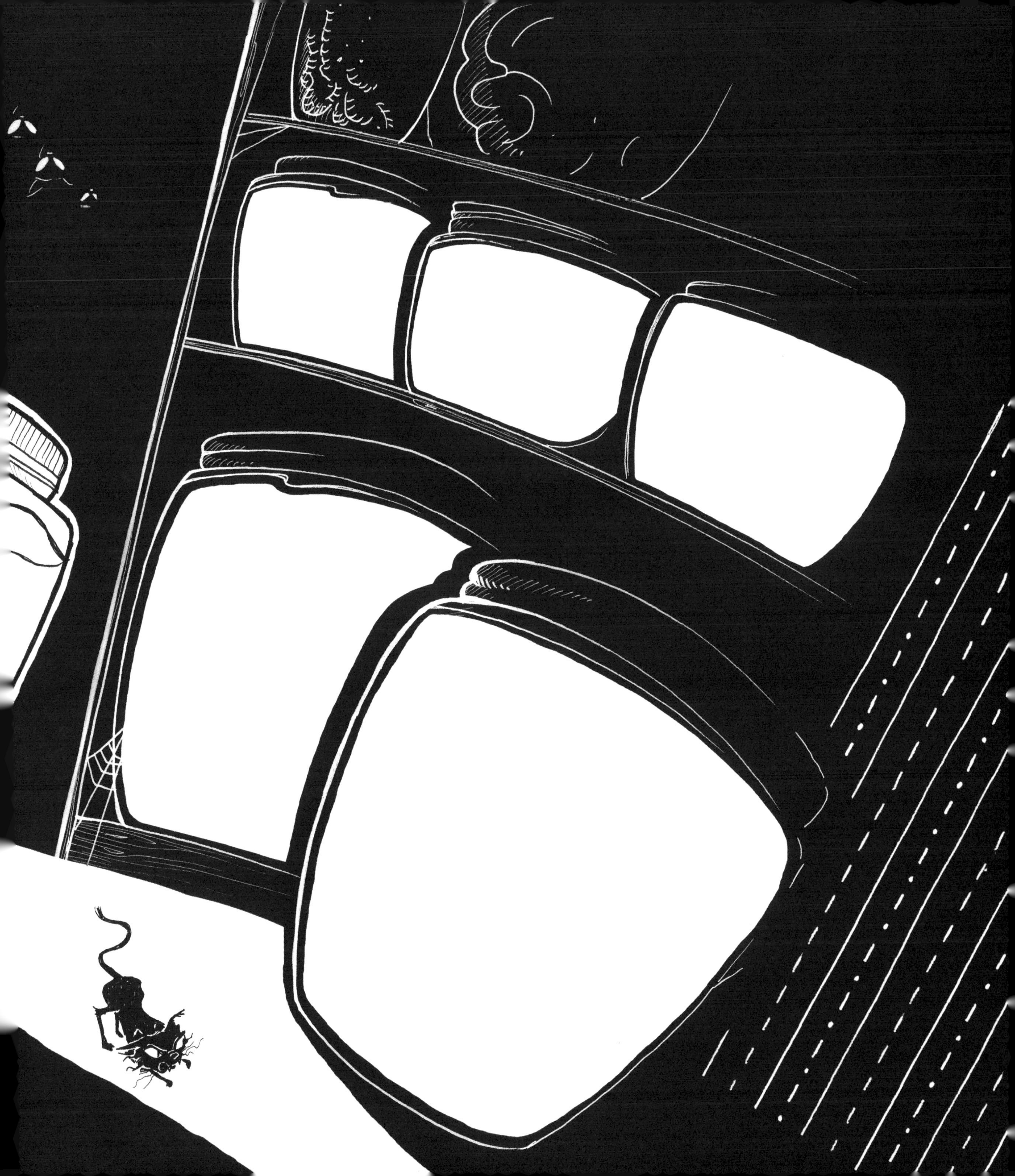

MONSTER-PARTY

Wer tanzt mit wem? Fahre die Linien mit bunten Stiften nach und finde die **TANZPARTNER!**

TIPP:

NIMM FÜR JEDE LINIE EINE ANDERE FARBE! MALE ALLE PARTYGÄSTE BUNT!

Lösung auf der vorvorvorletzten Seite!

Dieses **UR-NASENFELL-TIER** hat vier bunte Stifte entdeckt.
Es will seine triste Höhlenwand **VERSCHÖNERN,** hat aber keine Ahnung wie – kannst du ihm helfen?

Verziere die Höhlenwand mit **BUNTEN KUNSTWERKEN!**

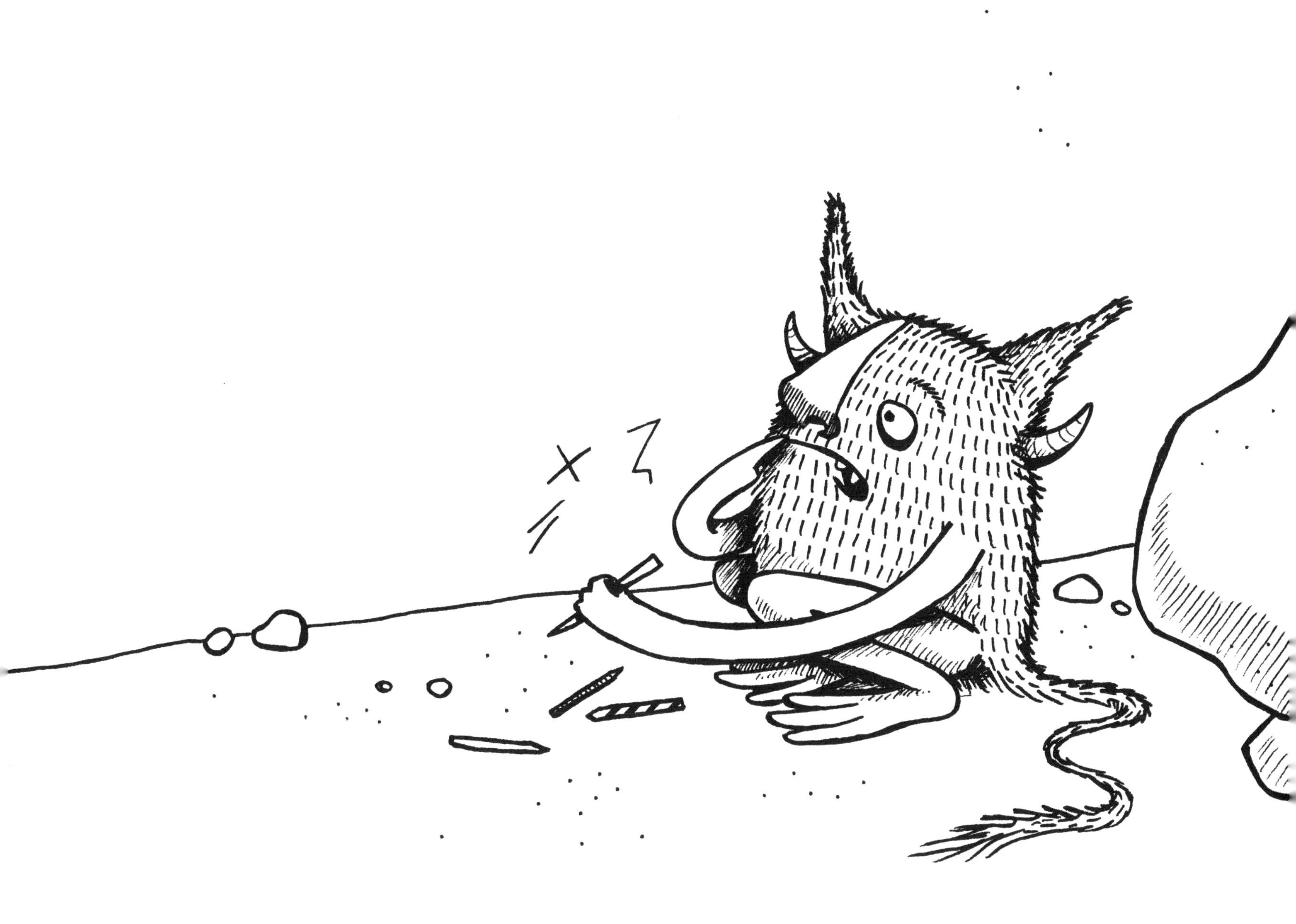

Das **KLEINE HASEN-OHR** ist gefangen, es liegen so viele Fallen auf dem Weg. Hast du den Mut, die Hindernisse zu überwinden?

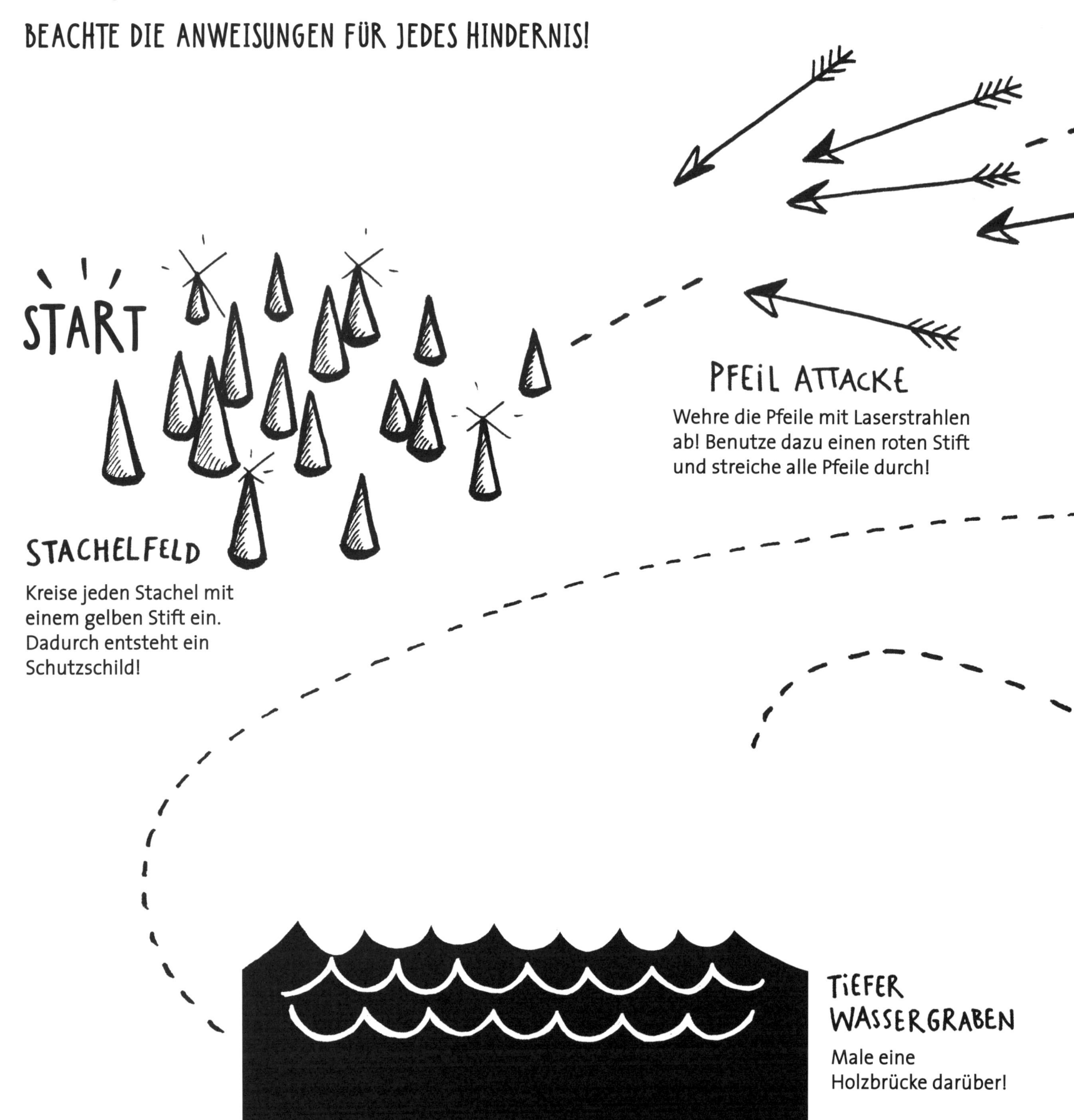

BEACHTE DIE ANWEISUNGEN FÜR JEDES HINDERNIS!

START

STACHELFELD
Kreise jeden Stachel mit einem gelben Stift ein. Dadurch entsteht ein Schutzschild!

PFEIL ATTACKE
Wehre die Pfeile mit Laserstrahlen ab! Benutze dazu einen roten Stift und streiche alle Pfeile durch!

TIEFER WASSERGRABEN
Male eine Holzbrücke darüber!

EINE RIESIGE WOLKE MIT SCHWARZREGEN

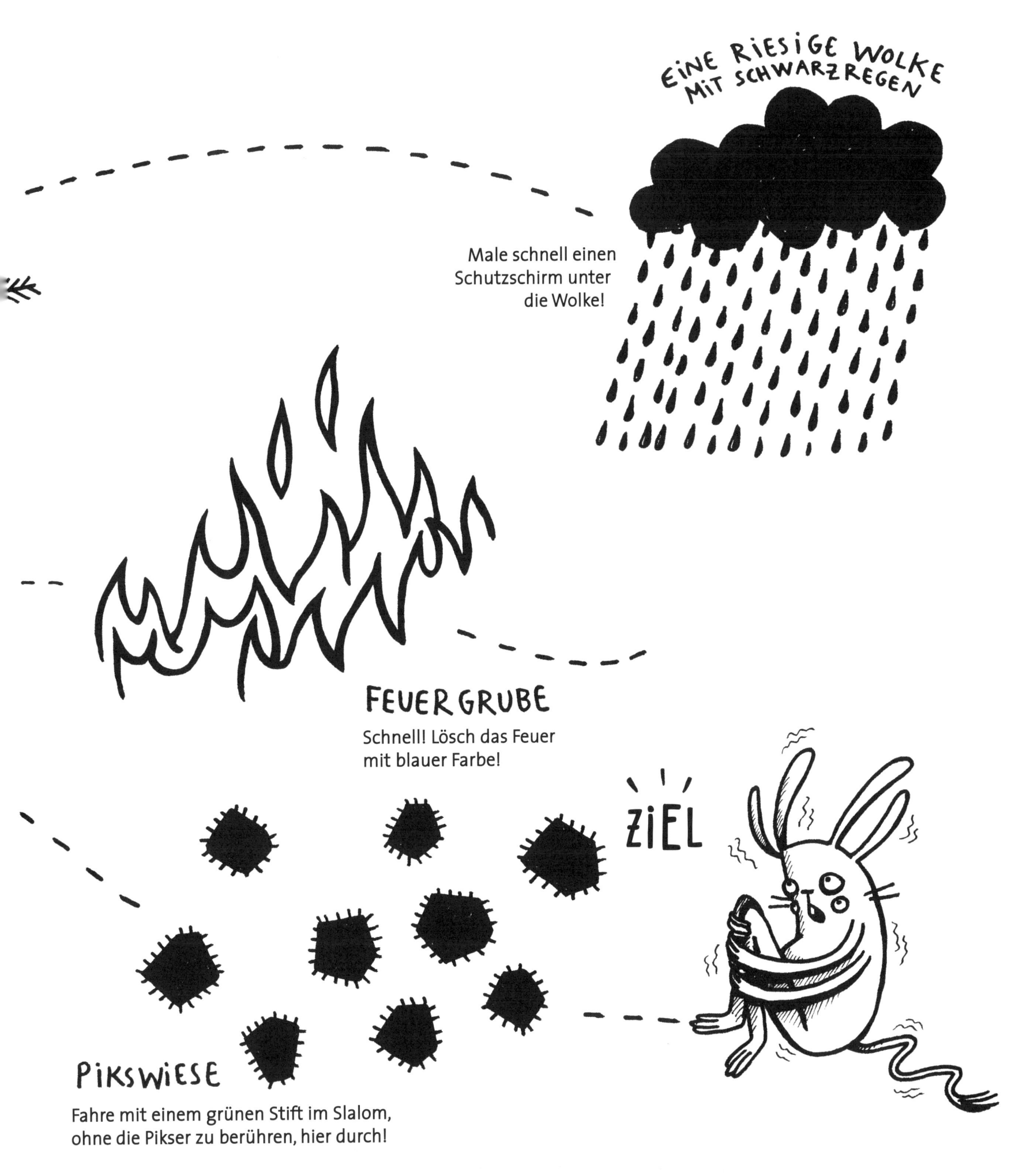

Male schnell einen Schutzschirm unter die Wolke!

FEUERGRUBE

Schnell! Lösch das Feuer mit blauer Farbe!

ZIEL

PIKSWIESE

Fahre mit einem grünen Stift im Slalom, ohne die Pikser zu berühren, hier durch!

Der **SUMPFSEE** im Wald ist **SEHR, SEHR, SEHR TIEF!** Man munkelt, es leben Monster darin! Was schwimmt tatsächlich in der dunklen Tiefe?

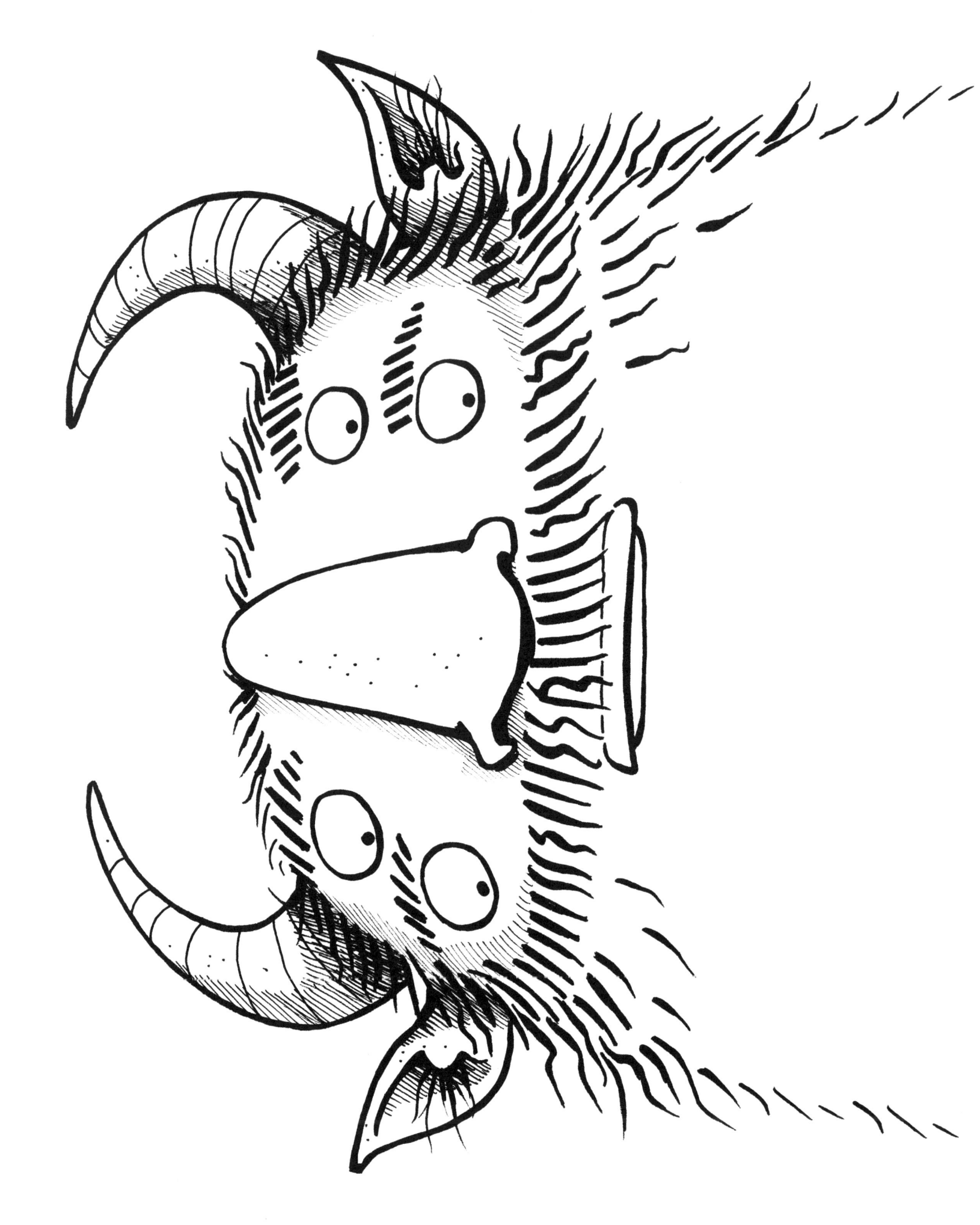

Traust du dich, den langen borstigen Bart des **GRUMM-HAAR-RIESEN** noch borstiger und strubbeliger zu kritzeln?

In dieser verlassenen Villa leben ZEHN KLEINE GEISTER! Sie verstecken sich aber sehr gerne ... kannst du sie finden? Fange die Geister mit der FARBE GRÜN ein, damit sie dir nicht wieder entwischen!

JUHU, DU HAST ALLE GEFUNDEN! DANN MALE DIE VILLA LEUCHTEND BUNT AUS!

Lösung auf der vorvorvorletzten Seite!

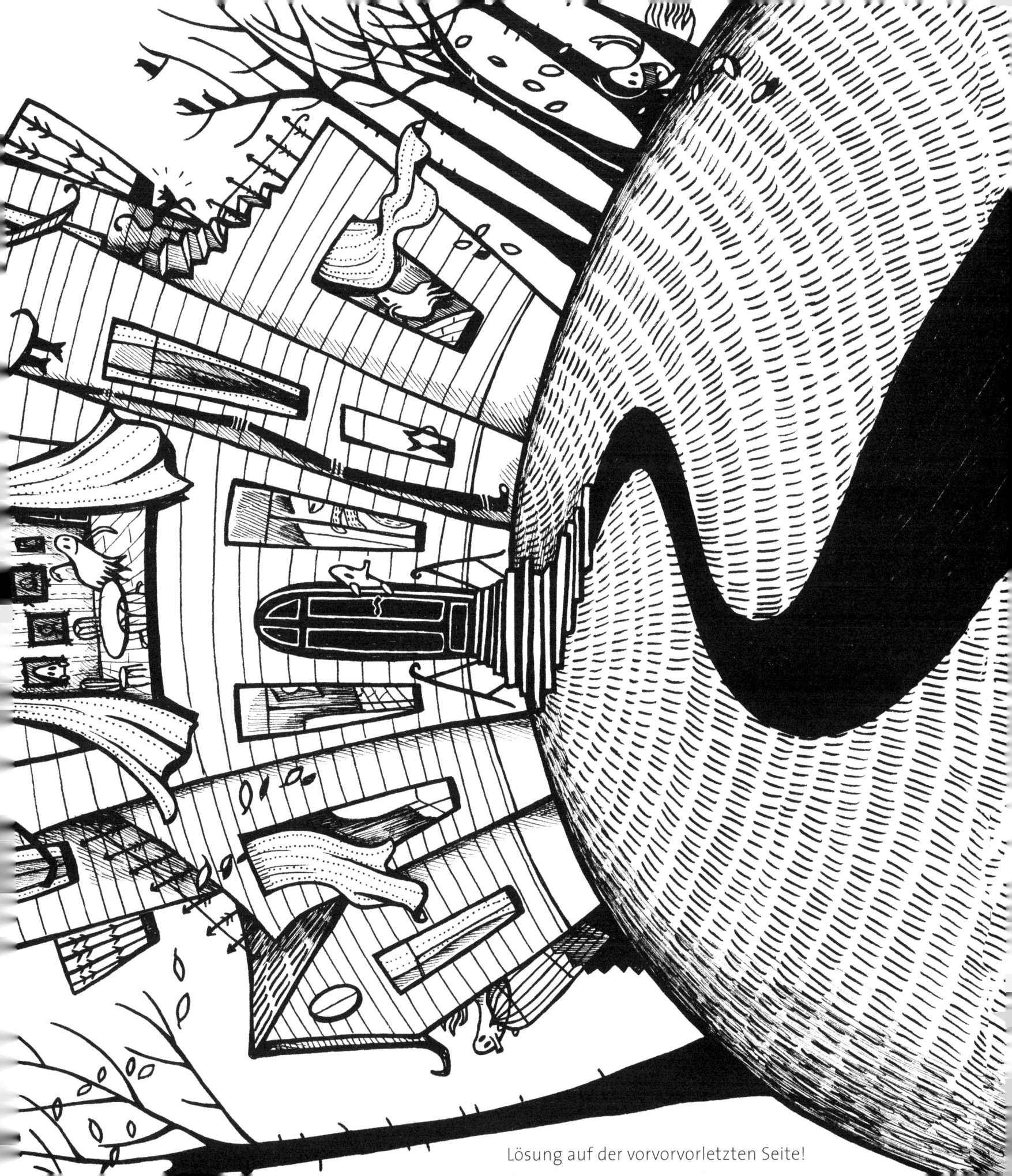

Meine Grimassen-Sammlung

GRIMASSEN SIND DIE BESTEN MONSTER-VERJAGER!

Denke dir sieben **FURCHTERREGENDE GRIMASSEN** aus und mache entweder ein Foto davon und klebe es hier ein, oder stelle dich vor einen Spiegel und male deine Grimasse ab.

HAHAHAHAAA... VOLL LUSTIG!

ECHT EKLIG!!

GANZ SCHÖN GRUSELIG!

BÄÄÄHHHH...

Dieser **STREIFEN-AST-DIEB** hat es auf dich abgesehen!

Nimm den Dieb fest und **KNEBEL IHN!** Suche dir dafür Wollreste und klebe sie auf ihn drauf! Jetzt sieht alles schon ganz anders aus, oder?

AUCH MONSTER HABEN MAL ANGST!

Vor wem oder was fürchtet sich das kleine **AST-HORN-MONSTER?** Vor einem größeren Wesen? Vor der Dunkelheit oder nur vor einem riesigen bunten Schmetterling?

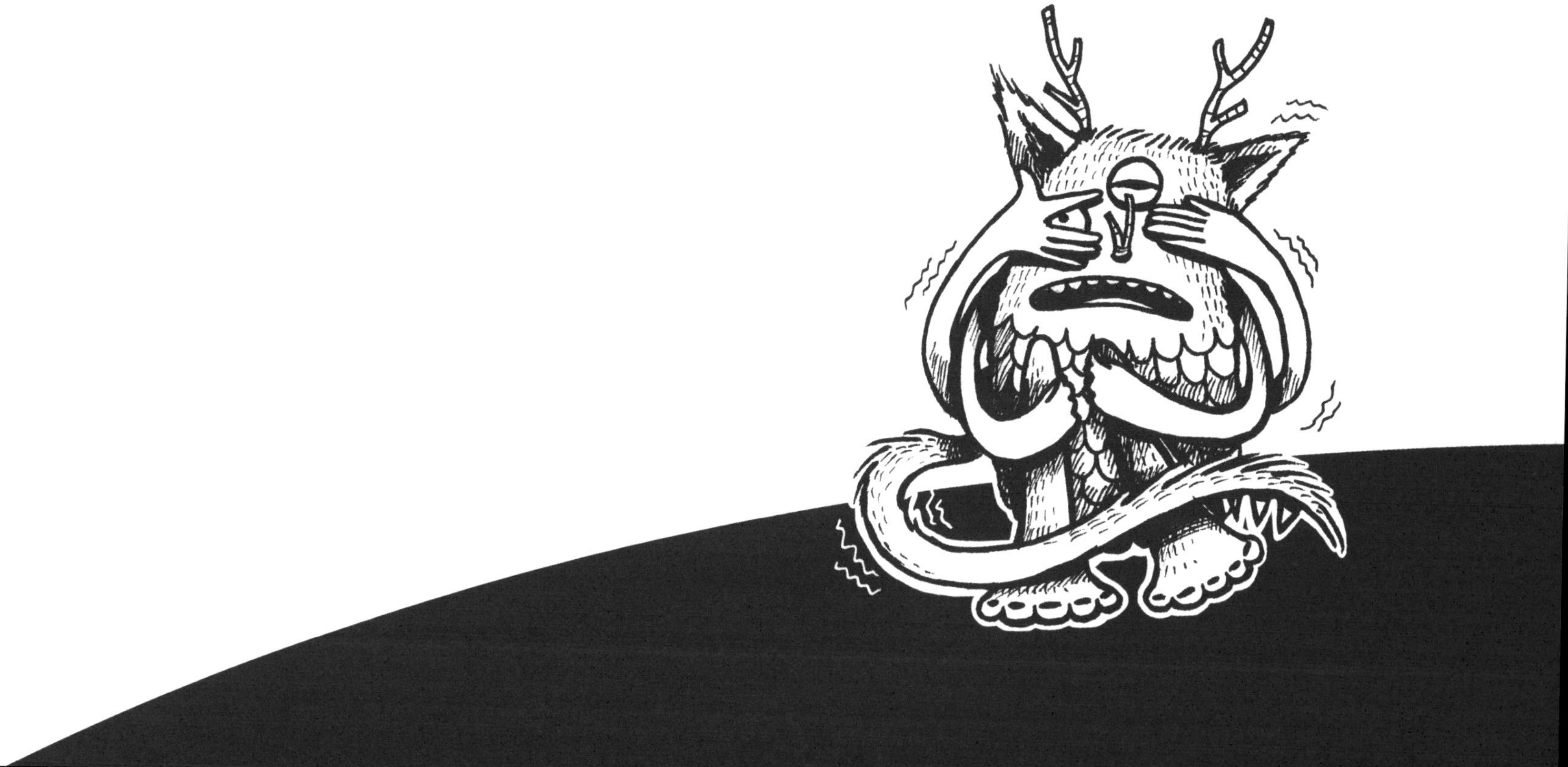

Oh, oh, ein **GEFÄHRLICHER GRIZZLYBÄR!** Hilf dem kleinen Häschen und sperre den Bären schnell ein! Male einen **KERKER** um ihn herum.

PUH! GESCHAFFT! DAS WAR KNAPP!

MONSTER-MASKEN-PARTY
TEIL 3

BOOOAAARR...

ÖSE FÜR DAS BAND

ÖSE FÜR DAS BAND

WUUUHAHAHAHAAA...

Dieses **MONDSCHEIN-MONSTER** hat Angst vor Licht!
Kritzel es mit der **FARBE GELB VOLL,** um es zu besiegen!

WURSCHTEL WURSCHTEL

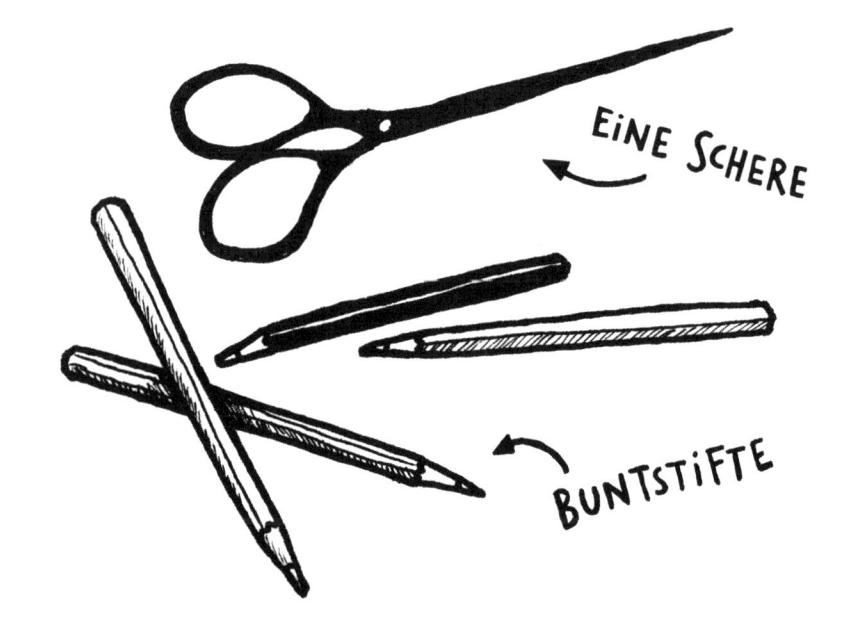

DAS WURSCHTEL-MONSTER HAT SICH ENTWURSCHTELT!

DAS BRAUCHST DU:

← EINE SCHERE

← BUNTSTIFTE

Schneide die Monsterteile auf der anderen Seite aus und **WURSCHTEL** das Monster wieder zusammen!

Wenn du willst, kannst du auch Teile dazumalen! Vielleicht hat das **WURSCHTEL-MONSTER** ja noch ein Körperteil mit Kaktusslacheln oder Schwimmfüßen?

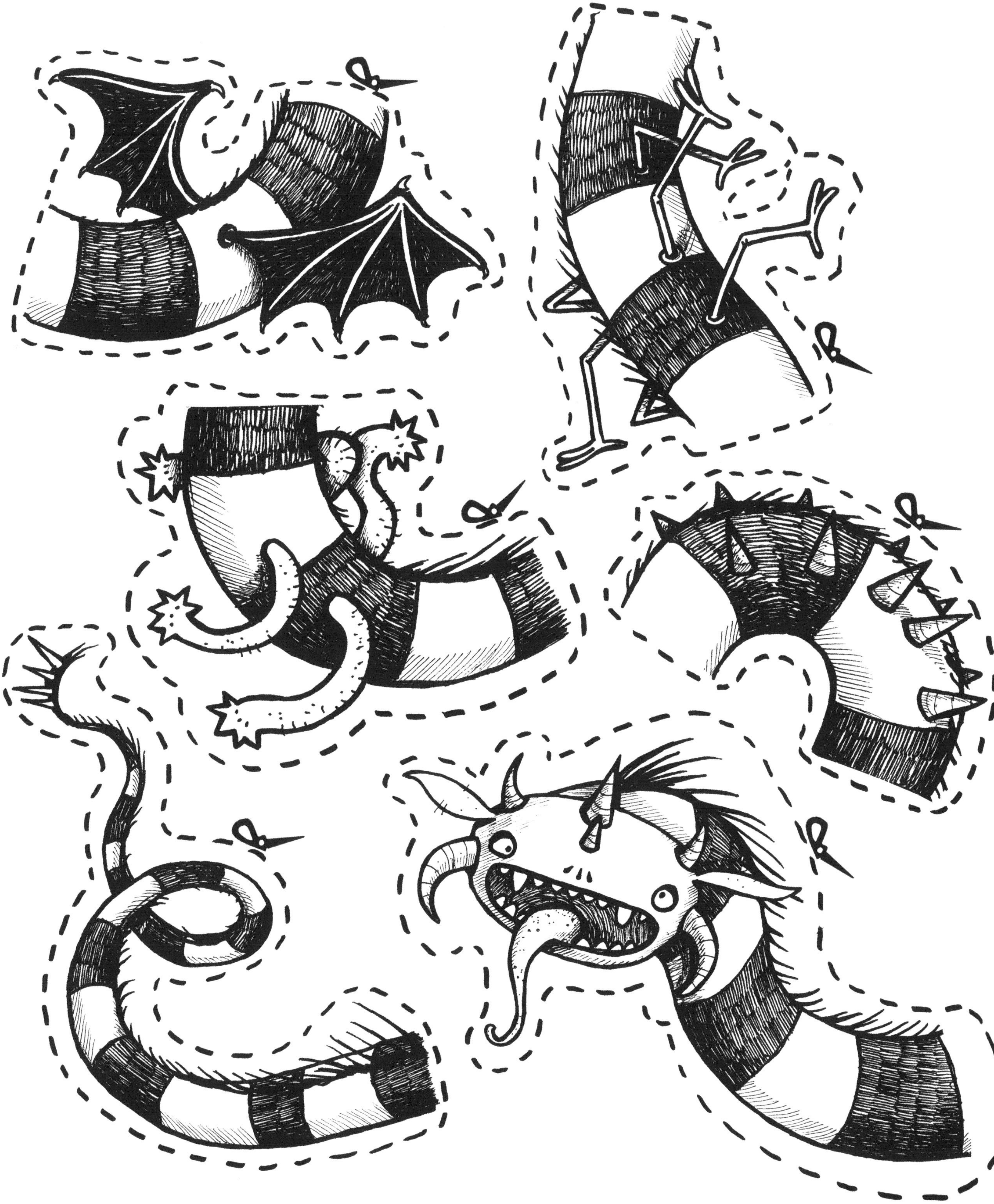

LÖSUNGS-SEITE

NAAA? ALLE PRÜFUNGEN BESTANDEN?*

*PSSST: WENN NICHT – SEI NICHT TRAURIG. GANZ SCHÖN MUTIG BIST DU TROTZDEM!!!

KÄFER-KARL

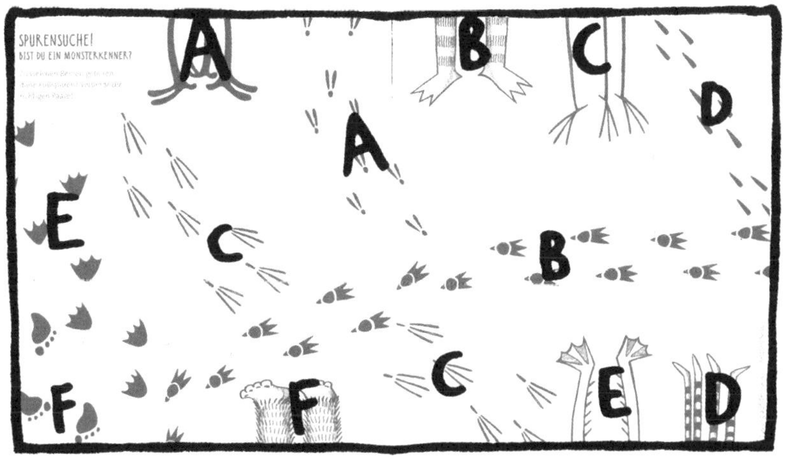
SPURENSUCHE!
BIST DU EIN MONSTERKENNER?

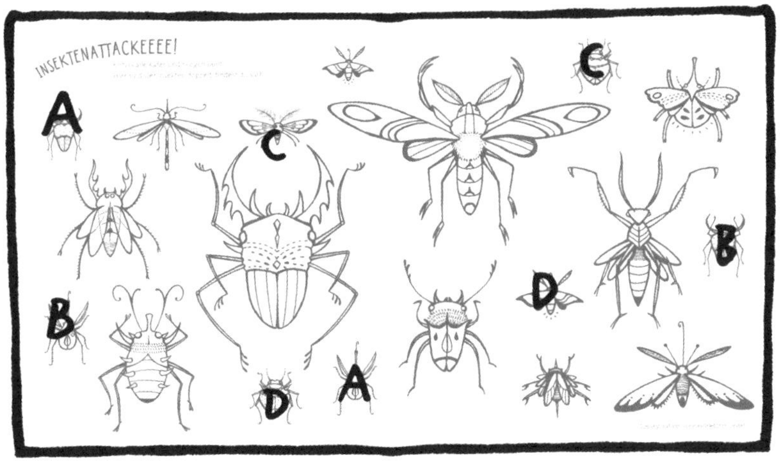
INSEKTENATTACKEEEE!

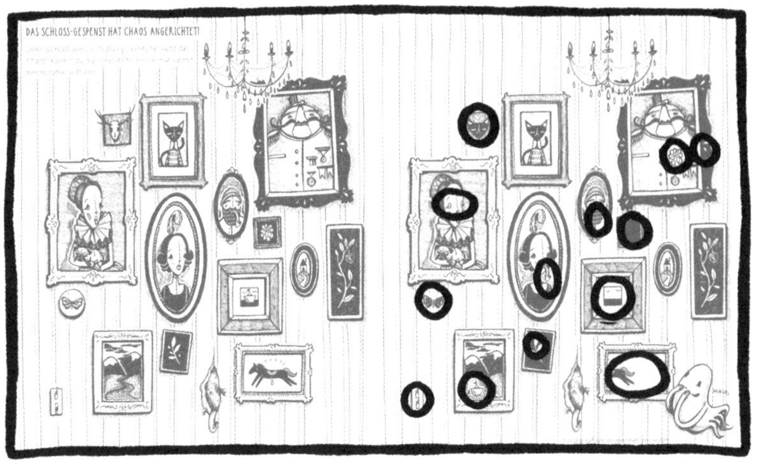
DAS SCHLOSS-GESPENST HAT CHAOS ANGERICHTET!

LICHT AN!

MONSTER-PARTY
TIPP:
NIMM FÜR JEDE LINIE
EINE ANDERE FARBE!
MALE ALLE PARTYGÄSTE BUNT!

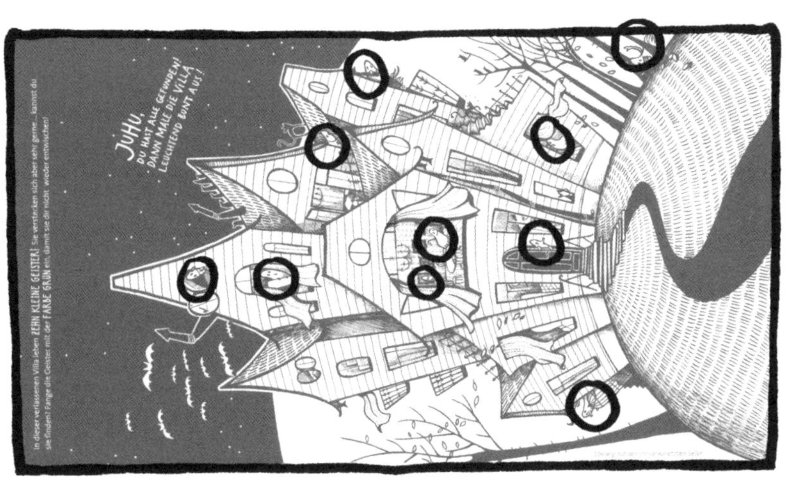
JUHU,
DU HAST ALLE GEFUNDEN!
DANN MALE DIE VILLA
LEUCHTEND BUNT AUS!

DU HAST ES GESCHAFFT!!

Du hast alle Mutproben und Prüfungen bestanden! Das beweist, dass du **UNGLAUBLICH MUTIG** und **STARK** bist.

Die **BEWEISURKUNDE** auf der rechten Seite kannst du ausschneiden, deinen Namen eintragen und sie am besten direkt über dein Bett hängen.

Dann sieht jedes Angstmonster, wie mutig du bist, und dass dir **NICHTS UND NIEMAND** Angst machen kann!

BEWEISURKUNDE

MEIN NAME: _____

ICH HABE MUT!

NICHTS UND NIEMAND MACHT MIR VON JETZT AN ANGST!!

PROFESSOR MONSTERMUT

DIREKTOR DER MUT-AKADEMIE

ANGST BESIEGT – MUT-ORDEN – AKADEMIE

Unsere Bücher gibt es überall im Buchhandel und auf www.carlsen.de

© 2015 Carlsen Verlag GmbH, Völckersstraße 14 – 20, 22765 Hamburg | Alle Rechte vorbehalten | Idee, Text, Illustration und Grafik: Inka Vigh
Basierend auf der 2014 entstandenen Bachelor-Thesis im Fachbereich „Kommunikationsdesign", Wiesbaden | Lektorat: Sabrina Janson
ISBN 978-3-551-18084-1 | Lithografie: Buss + Gatermann, Hamburg | Druck und Bindung: Westermann Druck Zwickau GmbH, Zwickau